トヨタの営業マン

「ざんねん」なヒトと「できる」ヒトの違い

ぱる出版

はじめに

かつて、国内二大自動車メーカーの特徴として「販売のトヨタ、技術の日産」と評されていた時代があった。実際トヨタの乗用車国内シェアは平均40％台をキープしてきた。２０２０年はコロナ禍の影響で自動車業界も低調だった中、トヨタはシェア51％を記録した。苦境になればなるほどトヨタの強さが際立ち１強の様相を呈している。一方、技術の日産と評されるよう他のメーカーも高品質な車を製造しており、トヨタ車だけが突出して高品質な訳ではないだろう。では、何故トヨタ車は売れるのか？

それは「販売のトヨタ」と評されることで分かるとおり、トヨタは販売力があるのだろう。そして車を販売するのは、他でもない営業スタッフである「ヒト」である。ヒト、モノ、カネといったマネジメント・リソース（経営資源）の中で、最初に記される資源は常にヒトであることから、どのような組織にとってもヒトが最も重要な経営資源であることが理解できる。実際日本中を走っている総ての車は、１台１台、必ず営業スタッフである「ヒト」が販売してきたのだ。

本書は、その「ヒト」にスポットを当て、低実績に甘んじている「ざんねん」なヒトと高実績を上げている「できる」ヒトを、対比する手法で、販売の極意を記した書籍である。

当初、タイトルを〝トヨタの営業マン「だめな」ヒトと「できる」ヒトの違い〟にするつもりだったのだが「だめな」ヒトとしてしまうと、読者に売れない営業スタッフは切り捨ててしまう印象を与えかねない、と懸念したこと。また売れないヒトでも、営業手法を変革し、もう少しだけ努力をすれば実績を上げる可能性がある「ざんねん」なヒトが実に多くいることから、書籍名を〝トヨタの営業マン「ざんねん」なヒトと「できる」ヒトの違い〟とした。

本書を読むことで「ざんねん」なヒトは実績向上を！「できる」ヒトは更なる成長を！目指して頂けると幸甚である。また表題が「トヨタの営業マン…」になっているが、当然他メーカーの方々がお読み頂いても参考になると自負している。

また車は誰にとっても身近な商品なので、本書の中での事例も分かりやすいことから、カーディーラー以外の営業スタッフや管理者にとっても充分参考になる内容になっていると確信している。

トヨタの営業マン「ざんねん」なヒトと「できる」ヒトの違い　CONTENTS

PART 3 モノを売るより人を売れ。お客様との関係性を強化する

PART 4 売れる営業スタッフのクロージング・テクニック

［トヨタの営業］マインド編

PART 1

楽しいと思って仕事をする人、そうではない人の差を見てみよう

CHAPTER 1 仕事が好き

■ポイント―仕事が好きで仕事を楽しむ

トヨタ自動車では、3000台車両販売達成した営業スタッフに対して、その偉業をたたえ、「殿堂入り」という制度があり、永久にトヨタの歴史に名を残すことなる。各ディーラーで殿堂入りを果たした営業スタッフは数人しかいない中、その2倍近い5700台を販売し、金字塔を打ち建てたナンバーワン営業スタッフの大野氏に、年に一度だけ表彰式で会う機会があった。

どうすればそんなに売れるのか、会うたびに彼に質問した。しかし彼は私が納得するような妥当な回答をしてくれることはなかった。やはりトップセールス、営業の極意など、そう簡単に教えくれないのかと思いつつ、私は懲りずに彼に対して毎年毎年同じ質問を繰り返した。

すると、ある年の表彰式で彼は私に対して「毎年同じ質問をされるので、今年は回答を考えてきました」と切り出した。今日はいったい何を語ってくれるのかと、心ときめかしている私に対して「私は何か特別のことはしていません。日々お客様と会って商談し受注する。そして納車時、お客様はとっても喜んでくれます。そういうお客様の姿を見ていると、私自身も嬉しい。そして遣り甲斐を感じる。私は仕事が好きなんです。そういった日々の仕事が楽しいんです。車が売れるコツ、敢えていえば仕事を楽しむことかも知れません」と回答してくれた。

ロシアの文豪マキシム・ゴーリキは「仕事が楽しければ、人生は楽園だ。仕事が義務なら、人生は牢獄になる」と言った。自動車販売の営業職に限らず多くの人は、何らかの職業に就き、働き、収入を得る。今後は年金の支給開始年齢が更に引き上げられることも想定されることから健康なうちは、一生涯働くような時代になるかもしれない。このように、人は人生の大半を仕事に費やすのである。

なのでゴーリキの言う「仕事が楽しければ人生は楽園で、仕事が義務なら人生は牢獄になる」という言葉は、仕事の本質を良く捉えているのではないだろうか。人生を楽園にするのと、牢獄にするのと、どちらが望ましいのか。どちらが自分自身にとって得なのか。どちらが実績向上に繋がるのか、言うまでもあるまい。

そして仕事を好きになるかどうかは、営業スタッフ本人の意識次第だ。更にここで押さえておきたいのは、仕事を通じて社会に貢献するとか、充実したキャリアを形成するなどで、心が満たされた人生を送る目的意識をもって仕事に取り組むことだ。あなたの現時点での考えを、仕事ノートなり本書の余白なりに書き残してほしい。

また、管理者は仕事が楽しいと思えるように、ＯＪＴを通じて部下を指導育成することも重要な役割なのではないだろうか。一億総活躍社会、人生１００年時代と言われる現代、働ける間は健康で楽しく働きたいものだ。

●〝大内流〟営業実績向上の極意

仕事には、楽しい仕事と詰まらない仕事があるのではなく、同じ職業、同じ仕事でも、楽しいと思って仕事をする人と、詰まらないと思って仕事をする人がいるのである。そして仕事を好きになり、楽しくするのは本人の気持ち次第だ。

×「ざんねん」なヒト（売れないドツボ）

日々の仕事は義務であり、詰まらない仕事をして、一生を送る。

○「できる」ヒト（売れるコツ）
日々の仕事にやりがいを感じ、仕事を心から楽しいと感じて、一生を送る。

CHAPTER2 目的意識を持って仕事をする

■ポイント—売れる営業スタッフは目標達成するために目的意識を持って仕事をする

世界最高齢、80歳にして三度目のエベレスト登頂に成功した三浦雄一郎氏がテレビ番組で「目標を持つ」ことの意義について熱く語っていた。彼は目標達成に向け高齢にもかかわらず、20kgのリュックを背負って、2kgのスニーカーを履き、さらに足首には2kgのバンドを付け、毎日ジム通いをしてきたという。更に登山家は酸素の薄い場所で活動するために酸素を薄くした部屋で日々トレーニングをしたそうだ。彼は「目標」を達成するために高齢にもかかわらず日々努力してきたのだろう。

営業スタッフも充実した職業人生を送るためには、三浦氏のように80歳でエベレストに登頂するといった「目標」を持つことに加え、仕事における「目的」「目標」「計画」の関係を理解し連鎖させることだ。そのためには、①日々何のために仕事をするのか、仕事の「目的」を明確にした上で②三浦氏の言うように「目標」を設定し③その目標を達成するために、具体的な「計画」を立案するのだ。

①目的は目指すべき「価値」の概念なので（Why）を用いて、日々（なぜ）仕事をするのか自問自答すれば良い。

②目標は目指すべき「状況」の概念なので（What）を用いて、目的を成し遂げるために（なにを）すべきか自問自答すれば良い。

③計画は目指すべき「行動」の概念なので（How）用いて、目標を達成するために（どのように）すべきか自問自答すれば良い。

そして、上述の「目的」「目標」「計画」を連鎖させ、目的意識を持って仕事ができるようになったとき、その人は高実績を上げるとともに、充実したキャリアと人生を送ることができる。

①目的（Why）なぜ	目指すべき価値 ＣＳ向上、遣り甲斐、キャリア形成
②目標（What）なにを	目指すべき状況 販売台数、車検点検、保険、ＪＡＦ
③計画（How）どのように	目指すべき行動 訪問、テレコール、査定、商談

ところが売れない営業スタッフは、日々の「行動（営業活動＝手段）」自体が「目的化」してしまっているケースが多い。例えば、会社に出社し、ショールームを掃除し、ラジオ体操をする。日報に眼を通す。そして、テレコール、査定、見積、商談をすると、目的を成し遂げたような気になって満足してしまうのである。

ショールームを清潔にするのは大切だ。しかし掃除をするために、ラジオ体操するために、テレコールするために、査定を取るために、出社したわけではないだろう。

営業実績を向上するために、充実した人生を送るために、手段を目的化することなく、目的意識を持って仕事に取り組もう。

● "大内流" 営業実績向上の極意

売れる営業スタッフは目的、目標、計画の関係を理解し目的意識を持って行動するが、売れない営業スタッフは目的・目標・計画が連鎖されずに手段が目的化している。

×「ざんねん」なヒト（売れないドツボ）

手段が目的化してしまい、無為な日々を過ごしてしまう。

○「できる」ヒト（売れるコツ）

目的意識を持って、仕事に取組み、充実した人生を送る。

CHAPTER3 一匹狼で活動する

■ポイント―売れる営業スタッフは一人で活動する

一匹狼（いっぴきおおかみ、英語：lone wolf）は、群れから離れ単独で活動するオオカミである。訪問型の営業活動は基本的に孤独なものだ。もちろん店舗型の営業活動で上司に同席してもらうなど、組織で対応することもあるが、日々の訪問活動では「行ってきます」といって、店舗から一歩外に出れば、基本的に営業スタッフは一人で活動することが常だろう。

「営業スタッフは自己管理ができるようになれば一人前」というように、外出したとき、自分自身を律し、自己管理ができるかどうかが、営業実績を決める大きな要素でもある。

ある日公園の裏通りの路地で、営業スタッフのものと思しき車が数台駐車していて、昼寝をしている営業スタッフ、煙草を吸っている営業スタッフ、雑誌を目にしている営業スタッフなどがいた。

私がたまたまその前を通りかかったとき、若い営業スタッフの一人が煙草を吸いながら「朝から晩まで、売上げ！売上げって！やってられないっすよ」と、先輩らしき営業スタッフにぼやいていると、先輩らしき営業スタッフも「分るよ、その気持ち、今朝、おまえ、ガンガン絞られてたもんな、あの課長、ああいう言い方しかできねぇんだよ」と、どうやら上司に対する不平不満を言いあっていたようだ。

これは私の勝手な想像だが、たぶん、あの場にいた営業スタッフは、あまり売れない営業スタッフの集まりではないかと思う。だいたい売れる営業スタッフは、上司の誹謗中傷など、そんなくだらん会話に時間を費やすような馬鹿なことはしないで、一人黙々と営業活動しているだろう。

売れない営業スタッフほど「つらいよな」「うちの会社はブラック企業」「分かるよその気持ち」などとお互いに「売れない病」の傷口の舐め合いをして慰めあっている。愚かなことだ。

● 〝大内流〟営業実績向上の極意

売れる営業スタッフは、一人で行動するが、売れない営業スタッフは売れない仲間で集い、不平不満を漏らしながら互いの傷を舐めあう。営業スタッフは和して同せず。強い信念を持って営業活動に取り組むことだ。

×「ざんねん」なヒト（売れないドツボ）

売れない営業スタッフで群れ、無為な時間を過ごす。

○「できる」ヒト（売れるコツ）

寸暇を惜しみ、営業活動を実施し、高実績を上げる。

CHAPTER4 ロールモデルがいる

■ポイント―売れる営業スタッフはロールモデルが存在する

私がトヨタディーラー人材開発室にいたとき、営業力向上のため、あるシンクタンクとタイアップして自社営業スタッフのコンピテンシー（高実績者の行動特性）を抽出するために、自社のハイパフォーマー（高実績者）とローパフォーマー（低実績者）、それぞれ10名程を対象に、専門家によるインタビュー調査を行ったことがある。

その結果、売れる営業スタッフのコンピテンシー（高実績者の行動特性）項目のひとつに「ロールモデル」の存在の有無があった。

「ロールモデル」を直訳すると「模範・役割・手本」であり、自分自身を向上させるために模範すべき対象となる逸材のことである。

そして高実績者にはロールモデルがいて、そのロールモデルを意識し、その影響を受けているという。

当時実施した調査によると、高実績者に対して「あなたが営業スタッフに成りたての頃、お手本としている上司や先輩はいましたか？」と質問すると「はい、います」と答えた。「その人は誰ですか」と訪ねると「課長の山田さんです」「3年先輩の佐藤さんです」といったように「ロールモデル」が実在する。

更に「その人のどこをお手本にしたいですか」と訪ねると「お客さまと短時間で親しくなり自分のファンのようにしてしまうことです」「商談が上手くて迅速なところです」といったように具体的なコンピテンシーを抽出することができる。

それに対して低実績者に同じ質問を投げ掛けても「模範にしたい上司、先輩ですか、特にいません」といった回答であり、更に「誰かいるでしょ」とフォローしても「思い付きません」といった調子である。

もちろん、すべての高実績者と低実績者に該当するわけではないが、シンクタンクの調査結果として「ロールモデルの存在の有無」がコンピテンシー項目のひとつとして抽出された。

「学ぶは真似ることなり」というように「真似る」は「真に似る」と書く。つまり、優秀なロールモデルと同様な実績を上げられるように、ロールモデルの言動をよく観察して同じことができるように、真に似ればよいのである。

もちろん、中堅からベテランスタッフの域になれば、その人独自の営業手法や個性を活かした活動があっても良いとは思う。

だが、てっとり早いのは、高実績者の行動特性であるコンピテンシーの中で自分にもできそうなこと、自分に合っていると思われる行動を、とりあえず真似てみることだ。

これは自己成長のひとつの方法であることは間違いないだろう。

因みに世界最大の小売企業ウォルマート創業者であるサム・ウォルトン氏は、「他社から学ぶことこそ成功への近道。私がやったことの大半は、他人の模倣である」と言っている。

●“大内流”営業実績向上の極意

売れる営業スタッフは身近なロールモデルを見い出し、そのロールモデルの良いところであるコンピテンシーを真似ながら自己成長するが、売れない営業スタッフは、たとえ身近なところにロールモデルがいたとしても、その存在に気づかない。もしくは気づいたとしてもそのロールモデルから何かを得たいという意欲に乏しい。自己成長するためにも、自分に合ったロールモデルを見い出すことから始めよう。

×「ざんねん」なヒト（売れないドツボ）

身近にロールモデルがいない、見い出せないので、成長が止まる。

○「できる」ヒト（売れるコツ）

身近なロールモデルを見出し、良いところを見習うことで、自己成長する。

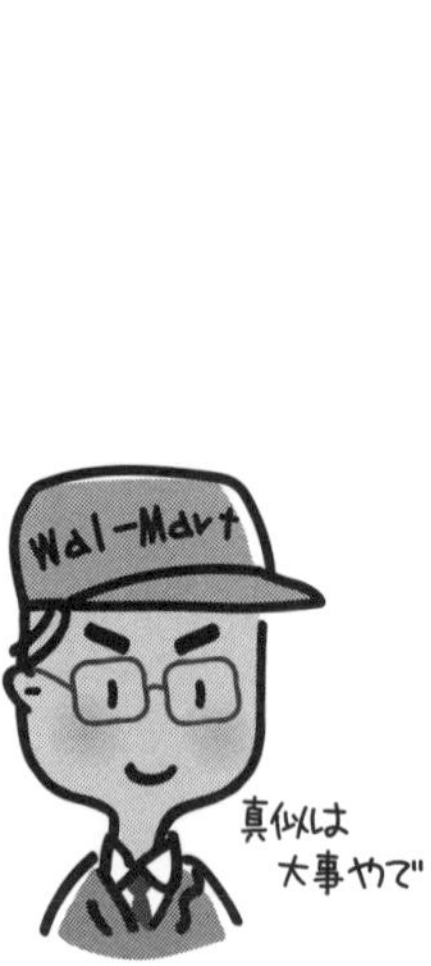

CHAPTER5 オン・オフの切り替えができる

■ポイント――売れる営業スタッフは仕事のオン・オフの切り替えが上手く、売れない営業スタッフはが下手

もう昔のテレビCMだが大正製薬の栄養ドリンクのキャッチコピーに「大統領のように働き、王様のように遊ぶ」というのがあった。私はこのコピーがとても好きで、自分もできることなら、このように時間を活用したいと思っていた。

昨今ワーク・ライフ・バランスという言葉が浸透してきたが「work-life balance」の意味は「仕事と生活の調和」と訳される。労働者一人ひとりが、やりがいや充実感を持ちながら働き、仕事上の責任を果たすとともに、家庭や地域生活などにおいても、子育て期、中高年期といった人生の各段階に応じて、多様な生き方を選択・実現できることを目指す概念である。

正に冒頭に示した「大統領のように働き、王様のように遊ぶ」のエッセンスを体現するための概念のように思う。

実際、私の知っている売れる営業スタッフは、仕事と遊びのオン・オフの切り替えが実に上手く、仕事をきっちりこなしながら確実に実績を上げ、休日は自分の趣味や家族との触れ合いの時間に当てるなど、ワークとライフのメリハリをつけ、しっかりバランスをとっている。

それに対し、「怠け者の節句働き」という言葉があるが、忘年会など会社の行事のときに限って「これから商談がありますので」などと言って、遅刻してくるのは売れない営業スタッフであることが多い。

そして忘年会に遅れてきた営業スタッフに「商談結果は？」と訊くと、「駄目でした！」と答える。想定したしたとおりの回答だ。

一年に一度の忘年会なので、全員が出席できるように、1ヵ月以上も前から日程を決めているのにもかかわらず、時間調整できない営業スタッフに効果的なタイムマネジメントや自己管理はできないだろう。

このように、仕事のオン・オフの切り替えができない営業スタッフには、元来、怠け者で自己管理ができないタイプが多いようだ。

逆に真面目すぎて切り替えのできないタイプがいる。実績が上がらず、自分がチームの足を引っ張っているというコンプレックスから、休日でも出勤し、なんとなく仕事を続けてしまうタイプだ。

このようなタイプは一見熱心で責任感が強いイメージもあるが、真に実績を上げたいという気持ちよりも、上司や職場のメンバーに対して「私は一生懸命やってますよ」ということをPRするためのスタンドプレーであることが多いようだ。実績を上げることではなく、スタンドプレーが目的になってしまっているため、当然、活動自体も見せかけなので、実績に結びつかないことが多い。

人間が一日に集中出来る時間は限られている上、きちんと休養が取れないと、後々の仕事や精神衛生にも悪影響を及ぼす。そのためミスが増えるなど、結局のところ更に仕事の効率を低下してしまうケースが多いようだ。このようなことにならないため、次のことが求められる。

当日すべき活動を明確にして、活動を終えたら速やかに帰宅する等、だらだら仕事を続けず、メリハリを付け、明日の仕事に向かう為のエネルギーを蓄積する習慣を持つこと。加えて3Rの実践だ。
3Rはストレスの対処の手法である、①レスト（Rest）休息、睡眠 ②リラックス（Relax）音楽鑑賞、ストレッチ ③レクリエーション（Recreation）趣味、運動 等々である。カウンセリング協会におけるメンタルヘルスでも効果が認められいるので是非実践して頂きたい。

●〝大内流〟営業実績向上の極意

売れる営業スタッフは、仕事のオン・オフの切り替えが上手く、確実に実績を上げるが、売れない営業スタッフは、だらだらと仕事を引きずり低迷する。仕事とプライベート、しっかりメリハリをつけ、ワーク・ライフ・バランスを保つことが重要だ。

×「ざんねん」なヒト（売れないドツボ）

だらだら仕事を続け、ストレスを蓄積し、ワーク・ライフ・バランスを乱す。

○「できる」ヒト（売れるコツ）

仕事のオン・オフの切り替えが上手く、リフレッシュしながらワーク・ライフ・バランスを保つ。

CHAPTER6 ライバルをつくり競争する

■ポイント―売れる営業スタッフは負けず嫌いでライバルをつくり競争する

「ライバル」とは、敵対する相手ではなく、互いに相手の力量を認め合った競争相手であり好敵手のことである。そして売れる営業スタッフは、良い意味でのライバルが存在し、常に負けまいと意識することで、競争心を燃やし実績向上に結びつけているようだ。そして高実績の営業スタッフほど自分より、ややレベルの高いライバルをつくり意識してる。

これを論証したピア効果という理論がある。この理論は能力の高い集団の中に身を置くことで、メンバー同士が切磋琢磨し、相互に刺激しあう効果のことで、特に教育関係において用いられる用語だ。

例えば一流の難関大学を目指す予備校では、能力別にクラス分けをしているが、低

番付表　6月場所（累計台数）

	東		西	
横綱	佐藤太郎	52台	山田一子	49台
大関	高橋武雄	45台	鈴木賢治	43台
関脇	福田高志	41台	山川一樹	39台

レベルのクラスより、やや高レベルのクラスに属していた方が、早く追いつき、追い越せという意識が働き学習効果が期待できるようだ。このように高い能力を持ったメンバーが集まり、お互いを意識し、刺激しあうことで、個々の成長に相乗効果をもたらし全体が底上げされるという。

　これに対し低効率の営業スタッフは意識すべきライバルがいなかったり、そもそもあまりライバル意識というものを持っていないようである。またこのような低効率の集団に身を投じていると感化され、更に実績が低迷することもある。良きにつけ、悪しきにつけ、人は「朱に交われば赤くなる」傾向があるのではないだろうか。

私のいたカーディーラーでは、大相撲と同じ番付表があり、当年の累計販売台数が記された掲示物が全店舗の事務所の壁の目立つところに貼り付けてあった。そして売れる営業スタッフは、毎月自分とライバルがどの位置にいるのかを意識し刺激を受けているようだ。

しかし売れない営業スタッフは、番付など、どこ吹く風といった感であまり成績の順位に興味がないようである。

営業戦略という言葉があるように、ビジネスは、時に戦いに例えられる。自己を高め啓発する意味でも、自分に合った良きライバルを意識し競争心を持って営業実績を上げたいものだ。

●〝大内流〟営業実績向上の極意

ライバルをつくり、お互いに意識し、相互研鑽することで営業実績向上に繋げることができる。

×「ざんねん」なヒト（売れないドツボ）

競争心がなくライバルもいない。刺激もなく、向上心もない。

○「できる」ヒト（売れるコツ）

ライバルをつくり、意識し、刺激を受けることで、向上心が醸成される。

CHAPTER7 売れない理由を自分に向ける

■ポイント―売れる営業スタッフは売れない理由を自分自身に向ける

ゴルフのプレー中に、自分のスコアが良くないと「今日は風が強いから」「フェアウェイが整備されていないから」「グリーンの芝目がいつもと違うから」といったように、やたら言い訳をするゴルファーがいる。シドニー五輪男子柔道１００kg超級決勝戦、明らかに納得のいかない判定で銀メダルに終わった篠原信一選手の「自分が弱いから負けた」といったコメントは実に潔い。

販売現場でも売れる営業スタッフに成績不振の原因を訊くと「活動量が少なかった」「ホット客が少なかった」「風邪気味で商談で粘れなかった」といったように、自分自身の活動や気持に焦点が向けられるのに対し、売れない営業スタッフに訊くと「テリトリーが良くないから」「商品に魅力がないから」「値引きが少ないから」「景気が悪いから」といったように自分自身ではなく他責化することが実に多い。

こんな問答を上司の立場で聞いていると「売れない営業スタッフだけに不景気が付きまとってくる訳ではないだろう」「皆、同じ商品を同じ値段で売っているんだろう」と言いたくなるところだ。

もっとひどい輩になると「買い手が優柔不断だから」と、売れない理由をお客様のせいにすることさえある。もしかしたら、売れない理由は「上司の指導が悪いからだ」、そんな風に本気で思っている営業スタッフもいるかもしれない。

それに対して売れる営業スタッフは、前述したように、売れない理由をけっして人のせいにしたりすることはない。成績不振のときは、何故売れないのか、何故実績が上げられないのか、自分自身に眼を向け反省し原因を追究し、対策を立てる。更に自分自身がレベルアップをするために何をすべきか、次の課題を明確にしている。

このようにゴルファーにしろ、営業スタッフにしろ、出来ない理由を自分ではなく、人に向け他責化した瞬間から、その人の成長は止まってしまうのである。だが、私自身も自分のチームの実績が上がらないと「部下がもっと売ってくれれば」「部下にもっと粘りがあれば」と言い訳をすることがあった。

これは明らかに管理者として責任転嫁である。管理者も優秀な人は、売れない理由を部下のせいにするのではなく「部下に売らすために自分は何をすべきか」「部下をやる気にするための動機付けは」といったように、自分自身にベクトルを向け、日々部下指導にあたるものだ。

●〝大内流〟営業実績向上の極意

売れる営業スタッフは、売れないとき、売れない理由を自分自身に向け、原因を追究し今後の課題を明確にする。それに対して、売れない営業スタッフは、売れない理由を他責化する。売れない理由を他責化（自分以外に向ける）ときから、その営業スタッフの成長は停滞してしまう。売れないときは、売れない理由を他人ではなく自分自身に向け、自己成長の機会にすることが大切だ。

×「ざんねん」なヒト（売れないドツボ）

売れない理由を人のせい（他責化）にし、自身の成長を止めてしまう。

○「できる」ヒト（売れるコツ）

低迷の原因を自分自身に向け、課題を明確にすることで更に成長する。

CHAPTER8 敗戦理由を確認する

■ポイント――売れる営業スタッフは失注した際、敗戦理由を確認する

帰社した営業スタッフに商談結果を訊くと、「駄目でした。競合他社のB車に決まりました」と、ひと言。そこで「敗戦理由は何だ」と訊くと、「分かりません」。そこで「何か理由があるだろう?」と再度問い掛けると、怪訝そうな顔をしながら、「そんなこと分りませんよ、訊いてもいないし」と弁解する。受注を期待し商談に行ったにも関わらず、既に他社に取られてしまったのだから、敗戦理由など知ったところで後の祭り、何の足しにもならないということなのだろう。

しかし、ここで考えてほしい。既に結果の出てしまった商談の敗戦理由を把握することは無駄なことなのだろうか。営業活動をしていれば、他社と競合することは日常茶飯事だ。商談した結果、競合他社に勝つこともあるし、敗れることだってある。しかしなぜ売れたのか、なぜ売れなかったのか、それぞれの理由や原因を検証することは、今後の対策を打つ意味でも大変重要だ。

英国の哲学者ジェームズ・アレンの書いた「原因と結果の法則」という名著があるが、何らかの結果に至るには、必ずなんらかの理由や原因があるはずである。仏教用語でも因果応報というように、人は良い行いをすれば良い報いがあり、悪い行いをすれば悪い報いがあるという意味である。

現在では悪いほうに用いられることが多いようだが「因」は因縁の意で原因のこと。「果」は果報の意で原因によって生じた結果や報いのことである。「果報は寝て待て」というが営業の世界ではあり得ないことだ、何の営業努力もしないで良い結果は得られまい。

だから、なぜ売れたのか、なぜ売れなかったのかを必ず検証することで、同じ失敗をしないために何に注意をすれば良いか、次に良い結果を出すために、どんな努力を傾注すれば良いのか、自己成長のために、どのような知識や技術を体得すれば良いのかを自問自答することで、今後営業活動を続けていく上で必要なノウハウが蓄積されていく。

たとえば「車自体がライバル社の方が良かった」「値引きが多かった」「下取価格が高かった」「車は同レベルだが自宅から近いディーラーにした」等、さまざま理由があるはずだ。もちろん内容によってはすべて次回の商談に活かすことはできないとは思う。ただ、自宅から近いディーラーから買うというお客様に対しては「点検などの際は引取り納車するのでお手数をお掛けすることはありません」といった提案をすることで、劣勢を挽回し受注に結びつけることだってできるはずだ。

どこのディーラーでも売れる営業スタッフと売れない営業スタッフがいる。それぞれ、何故そういう結果になるのか、なぜ実績差が生じるのか、その原因を検証し因果関係を知ることで、自身の成長に生きるだろう。

●〝大内流〟営業実績向上の極意

因果関係とは、ある事実と他の事実との間の原因と結果の関係のことであり、受注・

失注に関わらず、因果関係を知ることで、自分の営業活動を検証・反省し、対策を打つことができる。売れる営業スタッフになるためにも失注し敗戦したときこそ、因果関係を把握することが肝要だ。

×「ざんねん」なヒト（売れないドツボ）

敗戦理由を把握しないので、今後も同じ敗戦を繰り返し、低迷する。

○「できる」ヒト（売れるコツ）

失注し敗戦したとき、因果関係を把握し対策を打つことで同じ失敗をしなくなる。

CHAPTER9 緊張感を楽しむ

■ポイント――売れる営業スタッフは月末の緊張感を楽しむ

2020東京五輪の卓球で、一進一退の攻防の末、金・銀・銅の3種のメダルを獲得した伊藤美誠選手は「最後まで〝**楽しく**〟戦えたのでよかった」と喜びを語り、女子団体で3大会連続の表彰台に立った石川佳純選手は「約10年間、日本代表としてこられたことを〝**うれしく**〟思う」と感想を述べ、初の五輪となった平野美宇選手は「〝**楽しく**〟戦えたので、幸せな五輪だった」と、にこやかに笑った。

このように、オリンピックのメダリストにインタビューをすると、試合前は「オリンピックで楽しみたい」、試合後は「オリンピックを楽しめた」いったコメントが実に多い。

もう一事例、聖火ランナーとして参加した、長嶋茂雄氏が巨人軍の監督時代に「バッターも緊張感を楽しむようになると強いですね」と言っていた。

もうお分かりの通り一芸を極めた人は緊張感を楽しめることができる人なのかもしれない。たとえば野球で9回の裏、二死満塁、自分が最後の打者としてバッターボックスに立ち、カウントが2ストライク3ボール、もしここで自分がヒットを打てば、逆転さよなら勝ち、三振すればラストバッターになるといった状況を想定してほしい。

このようなとき、2通りのタイプのバッターがいると思う。

第一のタイプは「ここでヒットを打ったら逆転勝ち、もしホームランでも打ったら英雄だ」というようにプラス思考し、自分がバッターボックスに立っている瞬間を心から楽しめる人がいる。

またオリンピックのメダリスト候補にインタビューをすると「試合や競技を楽しみたい」といったコメントが多いことから、昨今メダルを取れる選手は、緊張感を楽しめるタイプが多いように思う。

それに対し、第二のタイプは「ここで塁に出なければお終いだ。空振りしたら監督怒るかな、チームメイトに、なんて言い訳しよう」とマイナス思考する人もいる。

ちょっと極端な事例かもしれないが、精神的に過度な緊張感からマイナス思考なってしまうと、マラソンランナーの円谷幸吉選手のように自殺してしまうというような悲劇が起こることもある。

これらの事例から、どちらのスタンスでバッターボックスに立った方が、好結果を得られるか想定できるだろう。

カーディーラーの現場も同様で、月末の登録の締めが近づくにつれて、店長は目を吊り上げ、鋭い眼光でグラフを凝視し、あと何日、あと何台とカウントダウン。事務所内では緊張感がみなぎっている。

このような状況下「今月は、とことんやってきたのだから、もう売れるわけがない」

と考えるマイナス思考のタイプの営業スタッフがいる。

これに対して「店舗の達成まで、もう僅かだ」「もしここで、2~3台売れたら、店長は喜んでくれるだろう」「最後は自分がトリをとる」といった具合にプラス思考の営業スタッフもいる。

私の知っている限りでは、月末の登録の閉めを飾ってくれるのは圧倒的に後者のタイプが多かった。プレッシャーや緊張感は誰にでもある。

しかし、これらのプレッシャーや緊張感とどのように付きあっていくのかは、人によって様々なのである。

● 〝大内流〟営業実績向上の極意

緊張感を楽しめる人、緊張感に押しつぶされる人、さまざまだが、緊張感を楽しめるようになるためには、プラス思考で良い結果をイメージし、その時、その瞬間に集中することが求められる。

×「ざんねん」なヒト（売れないドツボ）

プレッシャーから逃げ、緊張感に押しつぶされ、低迷する。

○「できる」ヒト（売れるコツ）

プレッシャーに立ち向かい、緊張感を楽しみ、実績を上げる。

CHAPTER10 受注を出し惜しみしない

■ポイント—売れる営業スタッフは常にベストを尽くし、力を出し惜しみしない

2020東京オリンピック、水泳の瀬戸大也選手は男子400m個人メドレーで「99％金メダルが取れる」と豪語していた。余程自信があったのだろう。だが実際蓋を開けてみると、何と予選落ち。300mまではトップだったが、最後の自由形で4人に抜かれてしまった。

本人曰く「自分でも信じられない」「（決勝の）明日にベストパフォーマンスを出そうと思った」「読み違いました」「もう一回泳ぎたい」との弁。

金メダル獲得のための戦術として、彼の判断を分からないではないが、予選落ちし

てしまえば元も子もない。

このようなことは、実際の営業現場においても良くあることだ。「月が変わって、当月の1号車が売れるとほっとします」これはあるディーラーのトップ営業スタッフの言葉だ。私がこの言葉を聞いたとき、並の営業スタッフなら分るが、押すも押されぬ不動のトップ営業スタッフでも、そんな気持になるのかと、ちょっと意外であった。

営業活動において、とことん月末まで受注に徹し、ホット客をすべて刈り取ってしまった後、翌月を迎えると「果たして今月1台でも売れるのかな、0台で終わったらまずいな」といった心境になることがある。

これは私も現役だった頃、月初に思う率直な気持ちであった。なので、一日でも早く片目を開けるために、月初とともにスタートダッシュをする。そして、当月の一号車を受注できると、ほっと胸を撫でおろしたものだ。

しかし、私も若手の営業スタッフのころは、当月の受注目標を達成してしまうと余力を残し「とりあえず、今月はもうこれでいいや、翌月またゼロからスタートだから、今あるホットは温存しておき、月が変わったら受注しよう」こんな気持ちで営業活動を自分自身でセーブすることがあった。すると「月末」から「月初」にかけて安心してしまい、ついつい営業活動を流してしまうものだ。

そして優秀営業スタッフはというと、そんな愚行はせずに、達成しても尚、月末まで、とことん受注に徹し、その月のホットは、その月のうちにすべて刈り取るのだ。翌月はまたホット・ゼロの状況からスタートしなければならず、月初から必死になって活動する。すると新たなホットが出現し受注に結びつくものだ。

それに対し売れない営業スタッフは、月が変わるとともに、先月温めておいたホット客に対し、営業活動を開始する。ところがお客様の購買意欲はすっかり冷めていたり、先月末、既に他社に受注されていた、といったことがある。

これらの事例から月末の営業活動において、受注に対する安心感は停滞を招き、危機感は進展をもたらす。営業スタッフは常にハングリー精神を持って仕事に取り組みたいものである。

●〝大内流〟営業実績向上の極意

売れる営業スタッフは目標達成しても尚、月末までとことん受注に徹する。売れない営業スタッフは目標を達成してしまうと、営業活動をセーブし、受注を出し惜しみする。

営業スタッフは、ハングリー精神を持って月末まで、とことんやり抜くことが実績向上に繋がる。

×「ざんねん」なヒト（売れないドツボ）

目標を達成したら、後の受注は来月に回すというケチな了見から来月も低迷する。

○「できる」ヒト（売れるコツ）

目標達成しても出し惜しみなどせず、月末まで受注に徹した営業活動を実践する。

CHAPTER11 隙間時間を有効活用する

■ポイント―売れる営業スタッフは隙間時間を有効活用する

「ヒト・モノ・カネ＋時間・情報」といった経営資源の中で、時間だけは特異であり、無限性、有限性、平等性、不可逆性がある。

先ず時間は悠久であり無限に続く、つまり時間には無限性がある。ただ人間は必ずいつか死ぬので、一人の人間にとっての時間は有限であり、また人間が社会生活を営む上で、ある事柄をいつまでにしなくてはいけないという期日があることから、時間には有限性がある。

次に、売れる営業スタッフでも売れない営業スタッフでも、一日は24時間であり平等なので、時間には平等性がある。更に過ぎてしまった時間は過去のものであり、元に戻すことはできないので、時間には不可逆性がある。

これらのことから、大切な時間、限られた時間、自分自身が自由に使える時間を有効活用することが求められる。ここでは時間を有効活用するための隙間時間の活用について取り上げる。

ビジネスにおける隙間時間は、移動中や仕事と仕事の合間など、スケジュールの中で、ぽっかり空いた時間のことで、通常5分から10分程度の空き時間を指すことが多い。車の営業において隙間時間ができる要因はさまざまだが、「商談が想定していたより早く終わった」「訪問する予定が来店になった」「店舗の会議が翌日になった」等々がある。こういった隙間時間ができたとき「たかが5分、10分」と思うのは、だいたい低効率の営業スタッフである。

その時だけを捉えれば「たかが5分、10分」だが、1ヵ月、1年といった長期的なスパンで捉えれば、蓄積された時間は力となり営業実績に大きな影響を及ぼす。ちなみに隙間時間を無駄に過ごしてしまう人には、2つのタイプがある。

ひとつは「何も考えずに休憩する人」もうひとつは「何かしようと思いつつ何をしたら良いのか分からない人」である。

前者の処方箋は先ず自分自身の意識改革を行い、時間を有効活用することの意義を理解することである。後者については常にＴＯ ＤＯリストを携帯するなどして、自分がすべきことを明確にしておくことである。

そして、優秀営業スタッフは隙間時間に何をしているのか確認すると、「スケジュールを見直す」「書類を整理する」「雑用を片付ける」「見込客にテレコールする」等々で、けっして隙間時間を無為に過ごしてしまうことはない。

●〝大内流〟営業実績向上の極意

売れる営業スタッフは、ぽっかり空いた隙間時間を有効活用し、売れない営業スタッフは隙間時間を無為に過ごしてしまう。

×「ざんねん」なヒト（売れないドツボ）

時間を無限と捉え、ぽっかり空いた隙間時間には何もせず、時間を浪費する。

○「できる」ヒト（売れるコツ）

限られた時間を経営資源と捉え、ぽっかり空いた隙間時間も有効活用する。

CHAPTER12 相手の立場に立つ

■ポイント──売れる営業スタッフは相手の立場に立って考え行動する

「もしこの世の中に成功の秘訣があるとすれば、それは常に相手の立場に立って考えることの中にある」

これは、アメリカのフォード・モーターの創設者であるヘンリー・フォード氏の名言だ。彼はこの信念のもと、アメリカの多くの中流家庭が購入できる初の大衆車を開発生産し、会社を成長させた。

事例を挙げよう。交通事故を起こし、まだ納車して数ヵ月しか経っていない車を修理して乗るか、代替するか、検討中のお客様に対する商談で、営業スタッフが「今月後1台で目標達成なんです。是非今お決めください。お願いします。」とクロージングをしている。

あなたがもし顧客の立場だったら、このクロージング話法をどう思われるだろうか？ 恐らく「自分勝手な奴」「もっとお客の気持に寄り添えよ」といった気持ちになり、営業スタッフに対してあまり良い印象は持たないだろう。

しかし…かく言う私も現役の営業スタッフの時代、自社の管理ユーザーで、代替時期になろうとしているお客様に対しては、時にこのような話法を用い受注に結び付けたことはあった。

ただ事故で代替する場合、そのお客様にとっては、好まざる代替であり、致し方なく購入するのである。

なのでこのような事故代替の商談においては、ヘンリー・フォード氏の言うとおり、相手の立場に立って考え、修理して乗る場合のメリット・デメリット、修理しないで新車にした場合のメリット・デメリットを、まず正確に説明する。

続けて、「私としては新車への代替をお勧めいたしますが、どういたしましょうか」といったように、じんわり商談を促進し、お客様には冷静に考えて頂き、最終的なご判断いただくことが、お客様のためでもあり、また受注にも繋がるだろう。

間違っても「是非今お決めください。お願いします」のような話法はタブーである。

●〝大内流〟営業実績向上の極意

事故代替の事例で分かるように、車の購入決定権者はいつ如何なる時でもお客様なので、ヘンリー・フォード氏の言うように「常に相手の立場に立って考えること」が重要である。

×「ざんねん」なヒト（売れないドツボ）

自分の実績しか考えないことをお客様に見透かされ、信頼を失い実績が低迷する。

○「できる」ヒト（売れるコツ）
相手の立場に立って考え行動するので、お客様からの信頼を得て実績が向上する。

CHAPTER 13

A・B・Cを実践している

■ポイント―売れる営業スタッフはA・B・Cを実践している

林文子氏をご存じだろうか。自動車業界にも深く関わってきた方である。以下簡単に略歴を紹介する。

林文子（はやし・ふみこ）。東京都出身。日本の経営者、政治家、東京都立青山高等学校を卒業後、東洋レーヨン（現東レ）、松下電器産業（現パナソニック）、立石電機（現オムロン）に勤務した後、ホンダ系ディーラーでセールス職に就き、優秀な成績を収める。その後、ＢＭＷ東京新宿支店長、ファーレン東京（現フォルクスワーゲン東京）社長、ＢＭＷ東京社長、ダイエー会長、東京日産自動車販売社長などを歴任した後、横浜市長に当選。ウォールストリート・ジャーナル注目される女性経営者50人、フォーブスの世界で最も影響力のある女性100人の66位、フォーチュンの米国外のビジネス界最強の女性10位などに選出された。

この林文子氏の著書の一文に「営業に奇策はない。当たり前のことをやるだけだ」というような主旨の記載がある。私も署名人の様々な講演や研修を受講したが、未だかつてない、こんな画期的な営業手法があったんだ。と驚愕するようなことは一度もなかった。

一例を挙げると「お客様からな信用を得ること」「商品知識が豊富なこと」「プレゼンテーションが上手いこと」「仕事量を増やすこと」「最後まで諦めないこと」等々、どれもこれも当たり前のことばかりだ。ただ、講演や研修を受講すると、その都度、当たり前のことができていないことに気付かされることが多かった。

実際、自分自身に当てはめて、どれだけのことを実践しているだろうか。前述したように、お客様から絶大な信頼を頂き、商品知識も豊富で、プレゼンテーションは卓越していて、仕事量は人一倍多く、最後まで諦めない。そんな営業スタッフだったら、当然優秀営業スタッフになっているだろう。

ここで表題のABCの意味だが、A「当たり前のことを」・B「馬鹿にしないで」・C「ちゃんとやる」の略である。経営者としても政治家としても大成した林文子氏曰く、営業に奇策はなく、営業の極意は、当たり前のことを、馬鹿にしないで、ちゃんとやることである。

実際、営業スタッフに「どうすれば実績を上げることができるのか?」そのノウハウについて問い掛けると、高実績者も低実績者も返ってくる答えは同様である。つまり、低実績者もどうすれば営業実績を上がられるか、当たり前のことが何なのかを知っているのだ。ただ、ちゃんとやっていないのである。

もうひとつ事例を挙げると、ある保険会社が主催したトップセールススタッフ講演後の質疑応答で、受講者から「いろいろ為になるお話をお伺いしましたが、この会場には同業者も多数参加されています。あなたの大切な営業のノウハウなど、開示して大丈夫ですか?」という質問があった。

トップセールスの講師は「講演を受講されても、多くの人は『良い話を聞けた』と言うが、それだけで終わってしまい、実践する人はいないので大丈夫です」と、ひと言。多くの人が当たり前のことを分かっていてもやらないのだ。

●“大内流”営業実績向上の極意

林文子氏の言う「営業に奇策はない」を換言すると、A（当たり前のことを）B（馬鹿にしないで）C（ちゃんとやる）である。売れる営業スタッフはABCを実践し、売れない営業スタッフは、当たり前だと知っていても、馬鹿にして、ちゃんとやっていないだけである。

×「ざんねん」なヒト（売れないドツボ）

当たり前だと、馬鹿にして、ちゃんとやらないので、更に低迷する。

○「できる」ヒト（売れるコツ）

当たり前のことを、馬鹿にしないで、ちゃんとやるので、実績が向上する。

［トヨタの営業］アプローチ編

PART 2

御用聞き営業は止めて、〝お客様をつくる〟営業スタッフになる

CHAPTER1 お客様をつくる

■ポイント―車を買うお客さまをつくる活動をする

「土日のイベントのホット状況はどうだ？」「ちょっと厳しいですね」「そうか、ホット客、探してこいよ」「そうですね、今日明日でホット見つけてきます」

よく販社の職場でありがちな上司と部下の会話だが、よくよく考えると奇妙な会話である。

何を言いたいかというと、上司の「探す」という言葉と、部下の「見つける」といった言葉に、違和感を覚えた読者はいないだろうか。

営業活動は、お客さまと会って、車を買うのか、買わないのか、ご意向をお伺いし、買うというお客を「探し」「見つける」活動なのだろうか。

私は、そのような営業スタイルを「御用聞き営業」といっている。

経営学者のピーター・ドラッカー教授は、事業（仕事）の定義は「顧客の創造と維持である」としている。これをカービジネスに当てはめると、メーカーはマーケティングをすることによって顧客ニーズを把握し、魅力的な財やサービスを開発、製造することで、買いたいと思う顧客をつくることが顧客の創造である。

カーディーラーにおいては、実際に車を買うお客様をつくり、ご購入後も車検や点検等を継続して入庫してくださるお客をつくり、次回代替時も自社からご購入いただけるような固定客をつくることではないだろうか。営業活動の基本は、車を買うお客様をファインドアウト（探し出す）のではなく、クリエイト（創造）するものだ。

営業活動の基本をマンスリーで捉えると、次ページの図になる。不特定多数の対象客の中から、当月の活動対象と成り得るお客様を月初に選定、アプローチを掛ける。その中から、再訪問、テレコール等を実施し、①「継続フォロー客」をつくり、その中から、もしかしたら受注に結び付くかもしれない②「見込客」をつくり、更に商談を促進することで、やがて近日中に受注に至るであろう③「ホット客」をつくる。そしてホット客の中から、自動車販売を中核とした売上成果に結び付け最終的に④

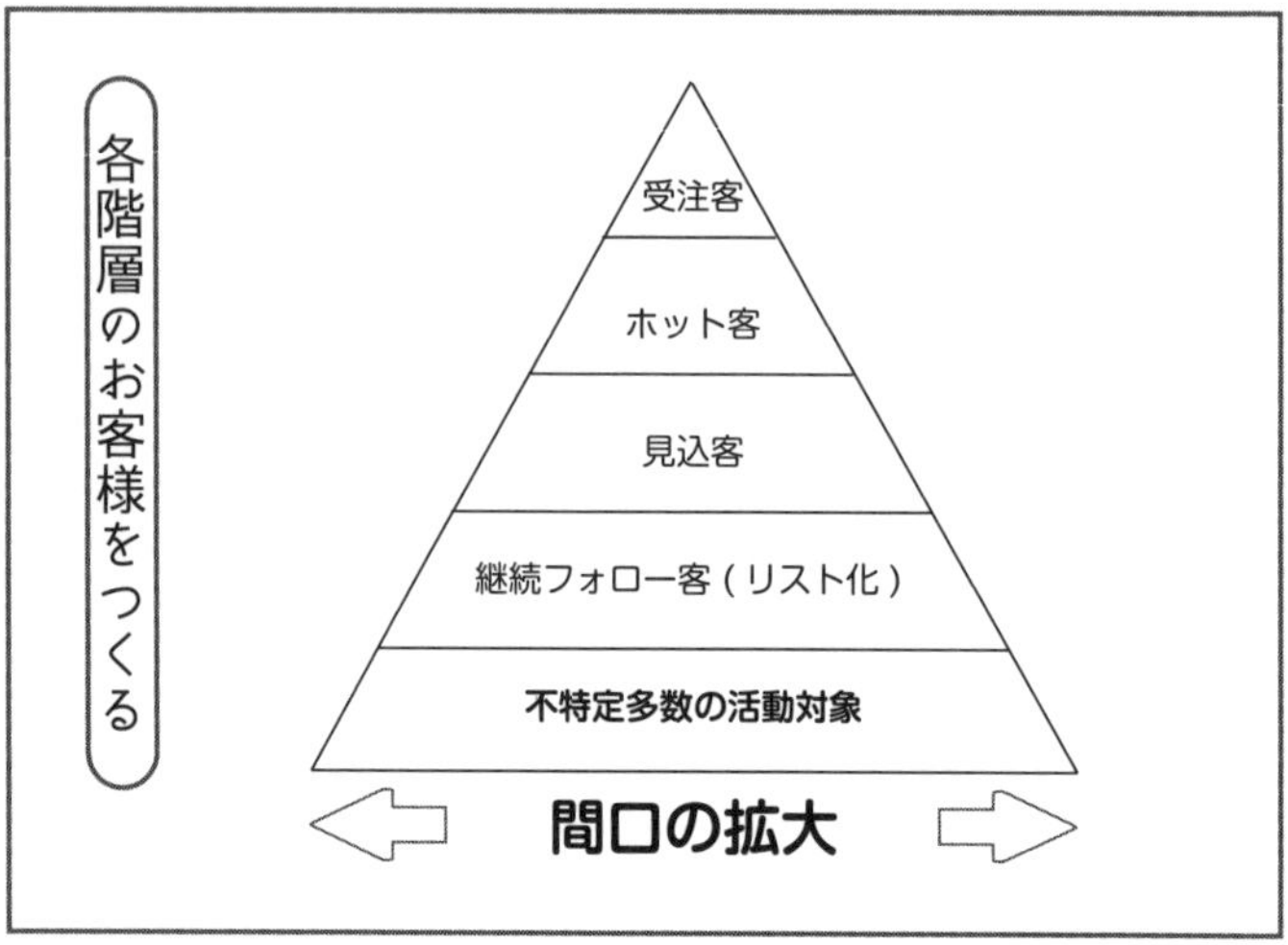

「受注客」とする。

これを時系列に整理すると、①継続フォロー客をつくり②見込客をつくり③ホット客をつくり④受注客とするといったプロセスになる。このように各階層のお客様を探す（ファインドアウト）ではなく、つくる（クリエイト）とする。といった意識をもって営業活動に臨むことが重要だ。

読者の職場では「お客様を探す」という言い方をしていないだろうか。もし、していたとしたら今後は「お客様をつくる」と言い換え、顧客を探す営業スタイルから脱皮し、顧客を創造する営業スタイルに変革すべきである。

● 〝大内流〟営業実績向上の極意

営業活動の基本は、買うお客様を探すの活動をするのではなく、不特定多数の活動対象にアプローチをかけることで、継続フォロー客をつくり、見込客をつくり、ホット客をつくり、最終的に売上成果に結び付ける活動である。

×「ざんねん」なヒト（売れないドツボ）

お客様を探す（ファインドアウト）する営業から脱皮できず、顧客を創造できない。

○「できる」ヒト（売れるコツ）

お客様をつくる（クリエイト）することで、各階層のお客様を増やし実績を上げる。

CHAPTER2 先入観を持たずにコンタクトを取る

■ポイント―先入観を持たずにコンタクトをすることで間口を拡大する

ブラジル人の国民性は？と問いかけると、多くの人が「陽気」「情熱的」と答える。

営業スタッフに土建業の社長の性格は？と問いかけると、「怖い」「粗っぽい」といった回答が返ってくることが多いが、果たしてそうなのだろうか。

実際は、ブラジル人でも、うつ病の方はいるし、私の知っている土建業の社長はとても温厚な方で趣味はピアノと囲碁であった。また商談をしていても、とても真摯な態度で接してくれた。

ある時、私が新人営業スタッフの飛び込み訪問に同行したとき、自分のテリトリーを軒並み訪問するように指導したのにもかかわらず、その営業スタッフは工務店や飲食店などの自営業者や会社はすべて除いて訪問する。なぜ除いて訪問するのか聞いたところ、自営業などの法人は訪問しづらいというのである。

理由を聞くと「仕事をしているから訪問しても話してくれない」「忙しいのに迷惑」「怒られる」からだという。私は「今まで1軒でもいいから法人を訪問したことあるのかい？」と問いかけると「……」無言。そこで「もし怒られても私が謝るから、取りこぼしがないよう、すべて順番に訪問しよう」と指導した。

再度20軒ほど同行訪問した後「どうだい、話をよくしてくれたところ、見込客になりそうなところはどこだ」と問い掛けると、新規訪問ノートの記録を見ながら「○○電気店と○○寿司」と答えた。1時間ほど同行訪問したが、一般の住宅はほとんどインターホンで門前払いなのに対し○○電気店と○○寿司に関しては、しっかり面談でき、○○寿司に至っては、その場で車の査定を行い、次回訪問時に見積りをお持ちするお約束をするまで商談を促進することができた。

この事例から分かる通り、先入観に基づいて活動していると、それがやがて固定概念として凝り固まり「法人は訪問してはいけない顧客」といったネガティブな思考が形成されてしまい、活動対象となり得る顧客の幅を自ら狭めてしまうことになる。このようなことにならないため、特に若手の営業スタッフには、当たって砕けろ的な、ダイナミズムなマインドが欲しいところだ。

●〝大内流〟営業実績向上の極意

売れる営業スタッフは、先入観を持たずにコンタクトすることで活動対象を拡大するのに対し、売れない営業スタッフは誤った先入観からお客さまを選り好みして自ら活動対象を狭めてしまう。先入観を持たずに営業活動をすることが肝要だ。

×「ざんねん」なヒト（売れないドツボ）

先入観からお客さまを選り好みして間口を狭めてしまう。

○「できる」ヒト（売れるコツ）

先入観を持たずにコンタクトをすることで間口を拡大する。

CHAPTER3 5W3Hを明確にする

■ポイント―5W3Hを明確にして面談の目的を伝える

ある日、自宅のインターホンが鳴り「○○商事の田中」と名乗る人が訪問してきた。玄関先にでると、なにやらセールスマンらしき男性が立っていた。私が「何かご用でしょうか」と訪ねると「もう梅雨も完全に明けたようですね」「お住まいの外壁塗りかえたばかりですね」「ここら辺は海に近いから塩害があるんじゃないですか」とトークが続く。

私が「リフォーム業者さんですか」と尋ねると、なんと健康食品のセールスマンだという。切り出し話法のつもりなのだろうが、なんとも、とぼけたセールスタッフだ。

何が問題かというと、訪問したら先ず何をしにきたのか「面談目的」を伝えるべきだろう。

もうひとつ事例を紹介しよう。ある日、ショールームに自社客がご来店された。私がご用件をお伺いすると保険の継続であった。商談コーナーのブースにご案内すると「ところで○○さんは、こちらの会社の営業マンでしょ、あの方よく来てくださるけど、点検の案内でも、保険の継続でもなく、何しにお見えなるのかしら?」と質問された。

私は応答に苦慮したあげく「恐らく、お車の調子伺いだと思いますが…」と曖昧な返事をしたことがある。自分の部下も同じようなことをやっているのだと深く反省したものだ。

恐らくこの手の営業スタッフは訪問日報のスケジュールを立案する際、虚空を見上げ、鉛筆をなめなめしながら作成しているのではないだろうか。

1	When	いつ	日時	4月3日の午後3:30に
2	Where	どこで	場所	加藤さまのお宅で
3	Who	だれに	相手	ご主人さまに
4	What	なにを	内容	カタログと見積を
5	Why	なぜ	目的	新車購入提案のため
6	How to	どのように	手段	面談し商談する
7	How long	どのくらい	期間	何年払いで
8	How much	いくらで	予算	○○○万円以内の予算で

デイリーの訪問計画を立案するときの留意点(図参照)は、「WHEN:いつ(日時)」「WHERE:どこで(場所)」「WHO:誰に(相手)」「WHAT:何を(内容)」「WHY:なぜ(目的)」「HOW TO:どのように(手段)」「HOW LONG:どのくらい(期間)」「HOW MUCH:いくらで(予算)」といったように5W3Hに当てはめ、何のためにお客様とお会いするのか、訪問目的や面談目的を明確にすることが肝要である。

●〝大内流〟営業実績向上の極意

活動計画を立案する際は、何のためにお客様とお会いするのか、5W3Hを用いて訪問目的や面談目的を明確にすることだ。そしてお客様と面談できたら、先ず何をしに来たのか目的を簡潔にお伝えする。

目的のない訪問は時間を浪費するだけである。

×「ざんねん」なヒト（売れないドツボ）

訪問目的・面談目的が不明確で時間を浪費する。

○「できる」ヒト（売れるコツ）

訪問目的・面談目的を明確にすることで時間を有効活用する。

CHAPTER4 最適面談時間に訪問する

■ポイント―顧客別の最適面談時間を把握しタイムリーに訪問、面談する

新規アプローチ（初回面談）→プロモーション（商談促進）→クロージング（商談締結）のプロセスにおいて、プロモーションやクロージングに関しては、事前に顧客

とアポイントメントを取ってから訪問することが多いと思う。

しかし飛び込み訪問のように一日に数多く訪問する新規アプローチ（初回面談）では、アポイントメントを取るというケースはあまりないと思われる。ただ、新規アプローチでも営業スタッフによって面談できる割合が高いケース（高実績者）と低いケース（低実績者）がある。この理由は対象となるお客様との最適面談時間を把握できているかどうかによるものが多い。


事例的にいうと、飲食関係のお店に、最も忙しいお昼の時間帯に新規訪問することはないだろう。一般的に飲食関係であれば、昼時はもちろんのこと、午前中も仕込み等で取り込んでいることが多い。

よって飲食関係であれば、午後3時前後に訪問するのが妥当だろう。実際、午後2時〜4時くらいの時間帯は、入口に準備中の看板が掛かっていることからも分かるだろう。

また開業医等、病院であれば午前と午後の診察の合間である1時から3時くらいの休診時間、若しくは診察が終了する6時頃が最適面談時間であることが多い。同様に建設関係の業者は、朝は現場に移動しなくてはならないので、現場での作業を終え事務所に戻ってくる午後5時頃訪問すると、面談できることが多い。

更に土木関係の業種だと、雨とか雪で悪天候の日は作業ができないので、そのような日に訪問すると日中でもお会いできることが多いものだ。

また業種業態に関わらず一般的な法人の事務所においては、短い時間ではあるが、昼食を終えた時間帯に訪問すると、社用車に加え、その会社の社員の方々とマイカーの商談をすることもできる。

だから保険の外交員がパンフレットを持って職場に行くのは、決まって12時40分前後である。13時から業務に着かなくてならないので、面談できる時間は僅か20分ほどであるが、その時間帯を有効に活用しているのだろう。

更にベットタウンのような住宅地においては、朝一番に新規訪問したらどうだろう。一般家庭で共働きでなければ、奥様が在宅のケースはあると思うが、そんな時間帯に訪問されても掃除や洗濯などの家事に追われ手が離せないケースが多いだろう。

だから一概には言えないが一般住宅を訪問するのであれば、お昼前の11時前後や昼食を終えて一段落している午後2時～3時くらいが適切な時間帯であろう。このように顧客の業種業態、職種、時期、天候等を考慮しながら最適面談時間に訪問することが求められる。

●〝大内流〟営業実績向上の極意

売れる営業スタッフはタイムリーに訪問することで確実に顧客と商談をするのに対し、売れない営業スタッフは場当たり的訪問で無駄な時間を費やす。売れる営業スタッフになるためにテリトリー特性や顧客の職業性によって適切面談時間を把握することが肝要である。

×「ざんねん」なヒト（売れないドツボ）

場当たり的な訪問の繰り返しで、お客様と会えず商談を促進できない。

○「できる」ヒト（売れるコツ）

顧客との適切面談時間を把握し、効率の良い活動によって面談率を上げる。

CHAPTER5 プライオリティを意識する

■ポイント――仕事のプライオリティ（優先順位）を評価し実践する

「最も決断を急ぐべき案件が、最も重要な案件であることは滅多にない」これはアメリカ第34代大統領アイゼンハワーの言葉である。彼は大統領であるとともに、時間管理の達人だったそうだ。そんなアイゼンハワー大統領が使った時間管理の手法はアイゼンハワーマトリクスと呼ばれ、歴代の大統領に脈々と受け継がれてきたという。米国の大統領ともなれば、これから実践すべき政策課題が多数あり、その多数の中から常に優先順位を考慮し対処してきたのだろう。

このように人は限られた時間内で行うべき案件がA・B・C・D…と複数あるとき、その中から、先ずどの事柄から着手すれば良いのか、優先順位（プライオリティ）を決めるだろう。

そして優先順位を決めるときの判断基準として、緊急度の高低だけを基準に判断していることはないだろうか。もしそうだとしたら、その人は場当たり的な判断しかできない人だ。

アイゼンハワーマトリクスは緊急度だけではなく、重要度と緊急度の二軸から構成されたマトリクスを用い、これから実施すべき案件を4つの象限に分類する手法である。

象限を順に説明すると、以下の通りである（図参照）。

「象限①：重要度高い・緊急度高い（大口商談、事故処理）等」
「象限②：重要度高い・緊急度低い（顧客満足、自己研鑽）等」
「象限③：重要度低い・緊急度高い（電話応対、来店応対）等」
「象限④：重要度低い・緊急度低い（無駄な会議、備品の整理）等」

この4つの象限の中の事象について、どんな営業スタッフでも、大口商談・事故処理等、重要度・緊急度ともに高い象限①の領域の事柄に対しては優先して実践するだろう。

また象限③の電話応対・来店応対等、緊急度の高い事柄についても直ぐに対応して

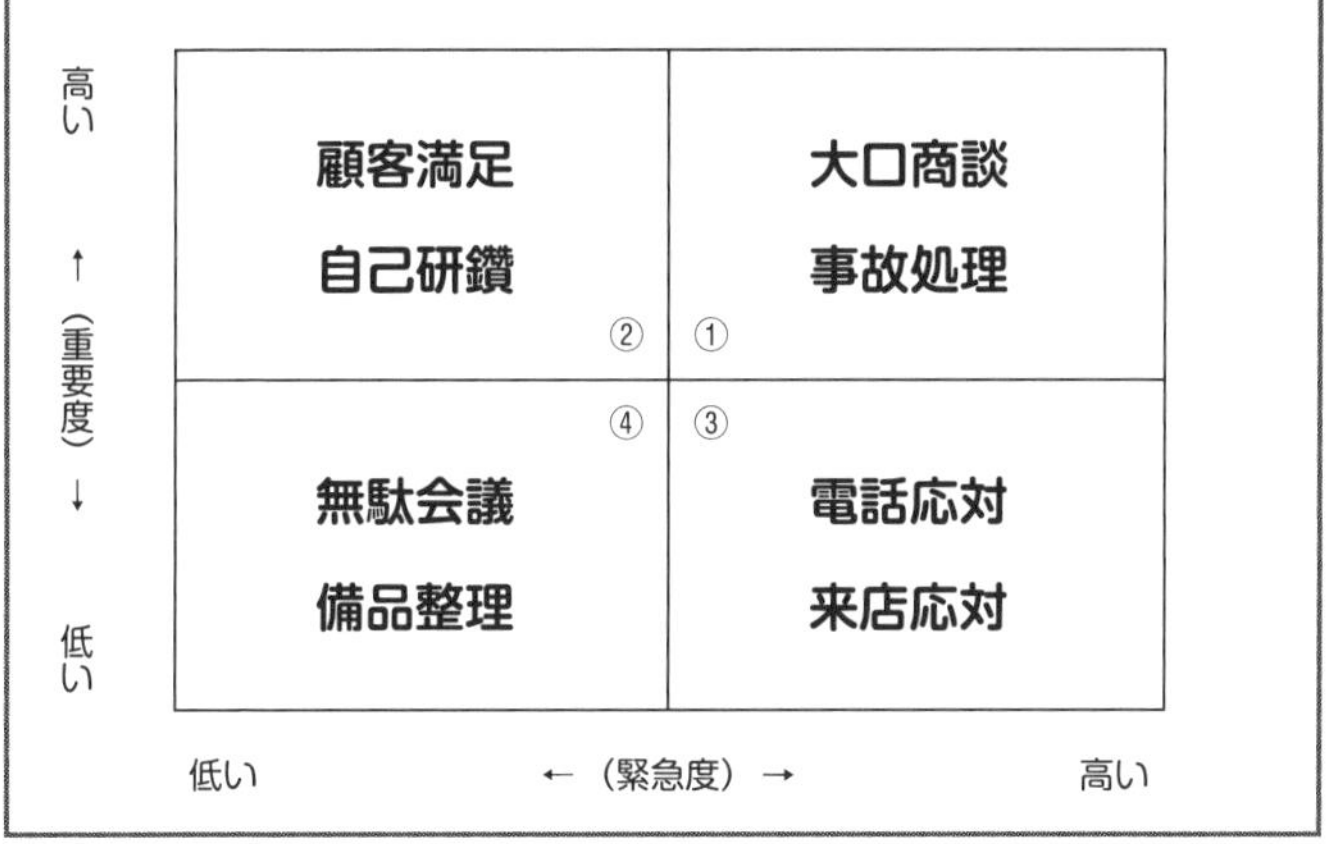

プライオリティ（優先順位）と4つの象限

いるはずだ。ところが、CS向上「顧客満足」や、自身の商談力や交渉力を高めるための「自己研鑽」等は、重要度は高いが、緊急度が低いので、ついつい後手後手になってしまったり、まったく着手していない　ということはないだろうか。

売れる営業スタッフは忙しさにかまけて、象限②の案件を疎かにすることなく、確実に実践している。

これらのことから「最も決断を急ぐべき案件が、最も重要な案件であることは滅多にない」と言ったアイゼンハワーの言葉の意味がお分かりいただけると思う。

自動車業界を概観すると、CS「顧客満足」向上やお客様第一主義といった言葉だけは浸透しているが、お題目化してしまっている。
実際のところは、日々、あと何日、あと何台、といった売上至上主義や利益至上主義に走り、顧客満足や自己研鑽等が疎かになっている傾向があるのではないだろうか。

●〝大内流〟営業実績向上の極意

人が何か行動を起こすとき、どうしても喫緊に差し迫った緊急度の高い事柄だけに眼を向けてしまうが、ＣＳ「顧客満足」や自己の能力向上「自己研鑽」等、重要度にも着眼して、仕事の優先順位を決めることが求められる。

×「ざんねん」なヒト（売れないドツボ）

緊急度だけで評価し行動するので、いつまで経っても第2の象限に取り組めない。

○「できる」ヒト（売れるコツ）

重要度と緊急度から評価し、自分自身がすべき行動を明確にして取り組む。

CHAPTER6 商品知識が豊富

■ポイント——商品知識が豊富なのでお客様に様々な提案ができる

昨今、私がよく感じることは、売り手と買い手の知識量が逆転しているケースがあることだ。

たとえば私がパソコンやパソコンの関連商品を購入する際、パソコン自体のスペックに加え、そのパソコンにインストールするソフトやドライバーに関すること、前に使っていたソフトとの互換性など、購入する前にかなり詳細に調べてからパソコンショップに出向き、店員に不明な点を質問する。

すると、私の質問にほとんど答えることができない店員もいて、勉強不足だなと呆れてしまうこともある一方、私の質問に対して適切に答え、且つ具体的な提案をしてくれる優秀な店員に出会うこともある。

昨今はＡＩ・ＩＣＴ・ＩＯＴの目覚ましい進展など自動車業界を取り巻く環境の変化にともなって、各メーカーとも自動車の性能は日進月歩で向上し、自動車に附属する装備も多様化、複雑化している。

したがって営業スタッフは新たに習得すべき知識が山ほどあるだろう。車両に関する知識だけでも、現行モデルに関する知識は当然のことだが、自社ユーザーに新型車を促進する場合など、同一車種であってもニューモデルと歴代モデルの違いに関する知識も必要だ。

更に他社と競合した場合は、自社の車両に関する知識だけではなく、競合他社の車両に関する知識もなければ、自社の車両の優位性を訴求することはできない。

加えて、走る、曲がる、止まるといった車の基本構造に関する知識。付属品、保険、ＪＡＦ等周辺商品に関する知識。サービス、メンテナンス、保証等アフターマーケット市場における知識。査定、登録書類、下取書類、クレジット、リース等販売実務に関する知識。ＰＬ法、消費者契約法、道路交通法等法律に関する知識。交通事故を起こし負傷した場合の救命知識等々、多岐にわたる。

カーディーラーで営業スタッフ職に就いている限り、これらの知識がなければ顧客に対し商品説明や適切なコンサルティング活動もできず、商談を優位に進めることはできないだろう。

ところが実際の現場では商品知識の乏しい営業スタッフが多いのが現実である。

このような状態を放置しておくと、低実績の営業スタッフの常套句である「お客様、あといくら値引きすれば買っていただけますか」と値引き一本勝負の商談に終始し利益を損失させることになる。

お客様に最適な提案をして、車をご購入頂き、売上や利益を向上するためにも、商品知識を充実させ卓越した説明力を修得すべきだ。

●〝大内流〟営業実績向上の極意

商品を売るのだから商品知識は必須要件だ。売れる営業スタッフは豊富な商品知識を武器に、活動対象を広げ、自信を持って商談し、実績を向上する。売れない営業スタッフは商品知識がないので活動対象を自ら狭め、弱気な商談で、商談機会を逸してしまう。

×「ざんねん」なヒト（売れないドツボ）
商品知識に乏しく、不適切な説明や曖昧なアドバイスで信頼を失ってしまう。

○「できる」ヒト（売れるコツ）
豊富な商品知識があるので、自信を持って様々なアドバイスや提案営業ができる。

CHAPTER7 お客様に認知されている

■ポイント――売れる営業スタッフは、お客様に顔と名前を認知されている

営業スタッフの訪問日報によく名前が出てくるお客様宅にマネジャーが直接電話をすると、その営業スタッフとお客様との人間関係の度合いが推察できる。

売れる営業スタッフの日報に出てくるお客様宅に電話をすると「Aさんですか、とてもご熱心で、たびたびお越しいただいております。買うときは必ずお声掛けするので、Aさんに宜しくお伝えください」といった反応で、日頃の営業活動でお客様と揺

るぎない信頼関係を構築していることがよく分かる。

ところが売れない営業スタッフの訪問日報によく名前が出てくるお客様宅に直接電話をすると「Bさんですか、良く存じ上げませんが、どちらにお掛けですか」などと言われて閉口してしまうこともある。

神奈川県内のトヨタ系ディーラーでトップセールであり、私の友人でもある小泉氏が地元新聞の取材に対し、「車を売るコツはお客さまに自分の顔と名前を覚えてもらうことだ」と回答した。

至極当然のことだが営業の本質を良く捉えた含蓄のある言葉である。

つまり売れない営業スタッフは、お客様のことを知っていても、お客様は営業スタッフのことを知らない。

つまり認知されていないのである。

もう一事例、私が、ある低実績の営業スタッフとテリトリーを徒歩で同行訪問していたときの話を紹介しよう。

彼はよくお客様の顔を覚えているようで、道で人とすれ違うと、私に対し「今の人、三丁目の山田さんですよ、○○年式の△△車を使っています」「今すれ違った人も当社のお客さまで□□車を使っています」といった具合によくお客さまの顔と保有車両も覚えており、最初は感心したのだが、よくよく考えると妙な話である。

なぜなら、彼は自分がお客様の顔を認知しているのにもかかわらず、すれ違いざまに、挨拶をしないのである。

普通だったら知っているお客様に道で擦れ違ったら「こんにちは」と声をかけるか、会釈のひとつでもするだろう。

なのに、彼は見知らぬ他人とすれ違うがごとく全くアクションをしないのである。

不思議に思って、彼に「なぜ知っているお客様なのに挨拶しないのか」と質問すると「だって、お客様は私のこと知らないと思いますよ」と一言。

お客様が自分のことを知らないのに、いざ車を買おうと思い立ったとき、お客様が彼のことを思い出し、名指しで買いに来てくれる筈がない。

そして、そのような営業スタッフに限って、自分が知っているお客様が、自社のショールームに来店し、たまたま応対した他の営業スタッフが受注したのを後で知り

「マネジャー、あのお客様は私のお客様ですよ。実績振り替えてください」と愚かな言葉を吐くのである。

●〝大内流〟営業実績向上の極意

売れる営業スタッフはお客様に顔と名前を認知されているが、売れない営業スタッフはお客様から認知されていない。お客様が車を買おうと思い立ったとき、必ず声を掛けて頂けるような人間関係を日頃から構築していくことが肝要だ。

×「ざんねん」なヒト（売れないドツボ）

お客様が顔と名前を認知していないので、店頭でたまたま応対したスタッフから購入する。

○「できる」ヒト（売れるコツ）

お客さまに顔と名前を認知されているので、購入時お客様から声が掛かり購入して頂ける。

CHAPTER8 笑顔で接する

■ポイント―売れる営業スタッフは笑顔で接する

女優の川島なお美が癌で亡くなる前に言った言葉が印象的だ。「幸せだから笑顔になるんじゃない、笑顔でいるから幸せがやってくる」確かに一理あると思う。昔から「笑う門には福来たる」という。

これを営業職に当てはめると、笑顔でいるから車が売れる。車が売れると笑顔になる。笑顔になるから益々車が売れる。といった好循環の相乗効果が得られるようだ。

実際に売れる営業スタッフは不愛想ではなく、笑顔でいる人が多いのではないだろうか。人は楽しいと自然に笑顔になるが、笑顔をつくることで楽しいと感じることも出来るようだ。

また笑顔は自分が楽しくなるだけではなく、笑顔で人に接することで、笑顔が相手に伝播し、周りの人もつられて自然と笑顔になるものである。

休日に私はよく犬の散歩に行くのだが、犬の散歩をする人はお互いに面識がなくても、擦れ違いざまによく挨拶をする。そして相手が笑顔で接してくれれば、こちらも自然と笑顔で返し、明るい雰囲気が醸成される。

もうひとつ笑顔の効用の事例を紹介する。私がガラス張りのファミリーレストランで、食事をした後、何気なくガラス越しに外を見ていると、広告宣伝入りのティッシュペーパーを配っている女性が二人いた。

しばらくその様子を何気なく見ていると、一人の女性が渡すと通行人は受け取るのだが、もう一人の女性が渡してもあまり受け取ってもらえない。

何が違うのか更に注視していると、受け取ってもらえる女性は笑顔でニコニコしているが、もう一方の女性は苦虫を噛み潰したような顔をしている。

やがて、笑顔の女性はすべて配り終わってしまったのだろう。もう一人の女性に挨拶して、その場から去っていった。

この事例から営業実績も笑顔によって若干差がでると想定できる。もうひとつ紹介しよう。

以前に営業研修の休憩時間に受講者が私のところにやってきて「お客様と面談はできるのだが査定が取れない。査定を取るために有効な話法を教えて欲しい」とのご要望があった。

話法についてご紹介した後、私のアドバイスは「話法そのものより、もっと笑顔で接した方が取りやすいと思うよ」であった。

なぜなら、相談に来た受講者は仏頂面でまったく笑顔がなかったからだ。あの表情でお客様と接してもお客様は心を開いてくれないだろう。話法そのものよりも、先ずは笑顔で接し好感を持って頂くことが肝要である。

●〝大内流〟営業実績向上の極意

笑う門には福来る。笑顔と仏頂面、どちらが良いか、言うまでもないだろう。笑顔でお客様と接し好感を持って頂くことが肝要だ。

×「ざんねん」なヒト（売れないドツボ）
笑顔がないから実績が落ちる。実績が落ちるから笑顔がなくなる。

○「できる」ヒト（売れるコツ）
笑顔でいるから実績が上がる。実績が上がるから笑顔になれる。

CHAPTER9 線の仕事をする

■ポイント―点ではなく、線で連結した仕事をする

モータリゼーション華やかなバブルの全盛期、営業スタッフが電話で車検や点検の誘致をしていると、上司の顔がだんだん不機嫌になり「車検もいいけど、車、売って来いよ」と叱られた時代であった。小さな商いより大きな商いが大事というのだろう。バリューチェーンと言う言葉が自動車業界でも使われるようになって久しいが、今は自動車販売だけではディーラー経営も成り立たず、車を中核商品として、車と附帯

する保険、車検、点検、板金、等々さまざまな財やサービスを販売することで利益を確保することが求められる時代である。

したがって、現役の営業スタッフは販売すべき品目が多岐に渡り本当に大変だ。なので営業スタッフは少しでも効率の良い営業活動をしなくてはならない。

ところが営業スタッフの仕事を観察していると、要領の良い売れる営業スタッフと要領の悪い売れない営業スタッフでは仕事の進め方には雲泥の差があった。

何が違うかというと売れる営業スタッフは、それぞれ活動が線で繋がっているのに対し、売れない営業スタッフは、てんでんばらばらという言葉が示すように、点と点の単発的な仕事の延長で、それぞれの仕事に関連性がないのである。

たとえば上司に、ホットがないなら査定を取って来いと言われると、査定を取って終り…。イベント誘致のテレコールをしろと言われると、テレコールをして終り…。サービス入庫が足りないと言われると、車検の依頼をして終わり…。保険のキャンペーンだから、保険を取って来いと言われると、保険の勧誘をして終わり…。

このように、それぞれの活動が個別対応で関連性がなく、それだけやって完結といった具合だ。

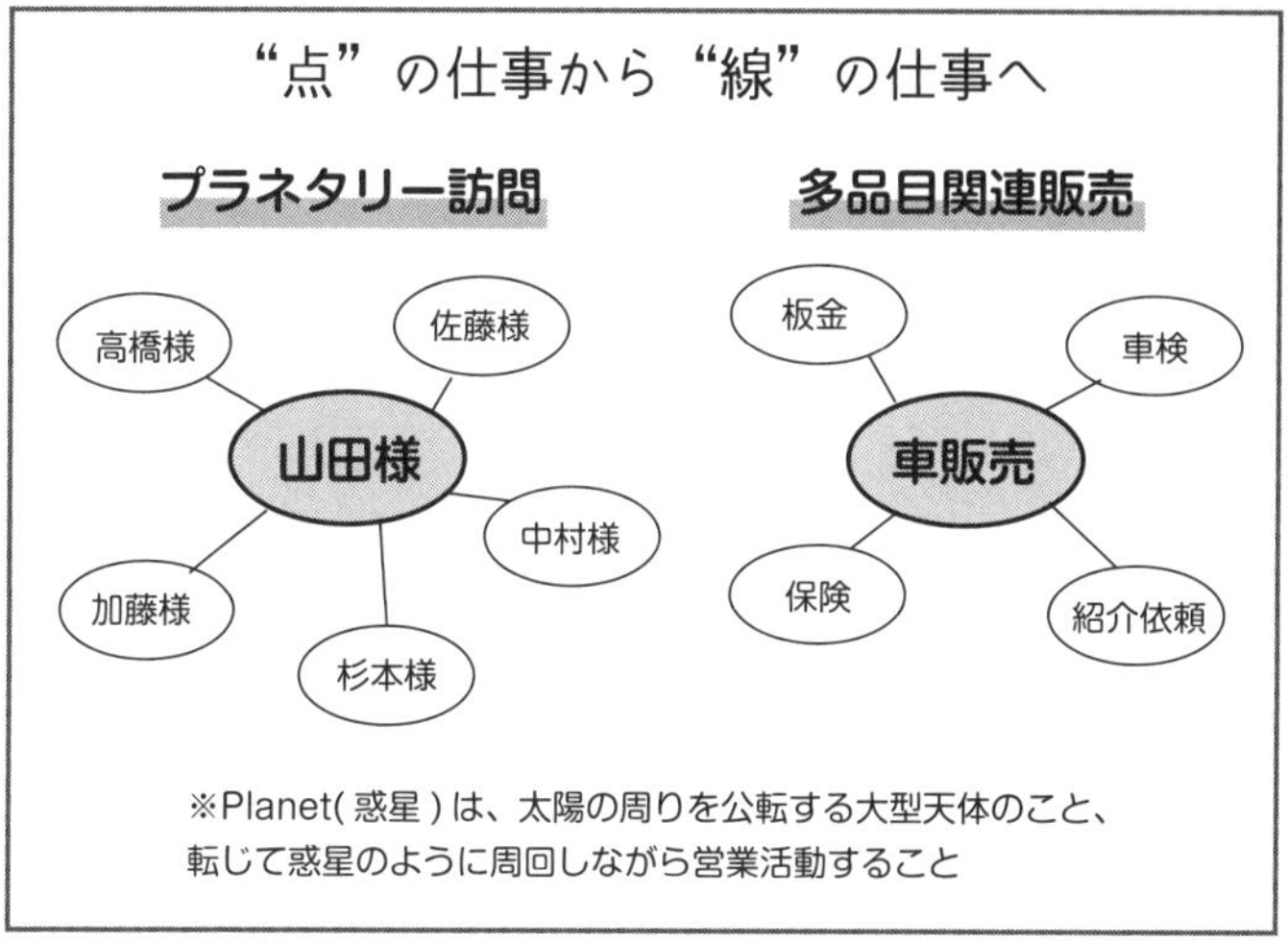

売れる営業スタッフであれば、査定を取ったときにDMを渡してイベントの誘致を行い、イベントに来店されないと、訪問し商談をする。見込がないと判断するや、その場で車検を依頼し、ついでに保険を促進するといった具合に、一度のコンタクトで多品目を関連させる営業手法である（図参照）。

それともうひとつ事例をあげると、売れない営業スタッフの日報は北区から西区、西区から北区、北区からまた西区と非効率な訪問順路で活動していた。

売れる営業スタッフは、訪問対象である目的地に行ったとき、ついでにその近隣の顧客も訪問することによって、訪問効率を高めるプラネタリー訪問（図）を意識して、効果効率の高い営業活動をしているケースが多い。

●〝大内流〟営業実績向上の極意

各人の考えや行動が統一を欠くさまを「てんでばらばら」という。売れない営業スタッフは点と点がばらばらで営業活動に統一性がない。バリューチェーンが求められる時代に少しでも効果効率の高い営業活動をするために、点の仕事から脱却し、点と点を結んだ線の仕事をすることが求められる。

×「ざんねん」なヒト（売れないドツボ）

てんでばらばらで、非効率な点と点の仕事の繰り返しで、実績が上がらない。

○「できる」ヒト（売れるコツ）

多品目を関連付けたプラネタリー訪問を行うことで、バリューチェーンを確立し実績を上げる。

CHAPTER10 3つのハードルを乗り越える

■ポイント―お客様に良い第一印象を与えるために3つのハードルを乗り越える

　ある女性がお見合いをした。相手の男性は、当時女性が結婚相手に求める条件の3K「高学歴・高収入・高身長」を充分に満たしており、そこそこのイケメンで申し分のないお相手だったが断ったという。

　理由を訊くと、鼻毛が出ていたことが生理的に許せなかったという。

　もう一事例、ある男性がひとめぼれをして、その場でプロポーズ、スピード結婚、新婚旅行、成田でさようなら、いわゆる成田離婚で終結した。鼻毛はたまたま出ていただけで、その人の人間性とは関係ない。引き抜くか、ハサミで処理すれば問題解決できる。ひとめぼれも確かにあるが、一生涯のパートナーを第一印象だけで決めて良いのだろうか。見た目だけで、相手の性格や人間性、自分との相性など把握できるものでもない。しかし、実際は、ぱっと見の第一印象で嫌われたり、好意を抱かれたりすることも多いものだ。

これをビジネスシーンに当てはめると、車種を絞って買う気満々でショールームに行ったのに、営業スタッフの印象が悪かったから、他店舗で買った。逆にカタログを貰いに行っただけなのに、応対した営業スタッフが好印象だったので、その場で成約した。こういうこともあるのだ。

このような事例から、営業活動のアプローチ段階におけるお客様とのファーストコンタクトにおいては、相手に「良い第一印象：first impression」を与えることが重要であることが分かる。

カリフォルニア大学ロサンゼルス校（UCLA）の心理学名誉教授であるアルバート・メラビアン教授が、彼の著書「Silent messages（邦題：非言語コミュニケーション）」の中で発表したコミュニケーションに関する論文で「メラビアンの法則」というものがある。

この法則によると、営業スタッフの好感度は（図参照）、先ず「外見（視覚情報＝Visual）が55％」。次に「発声（聴覚情報＝Vocal）が38％」。最後に「内容（言語情

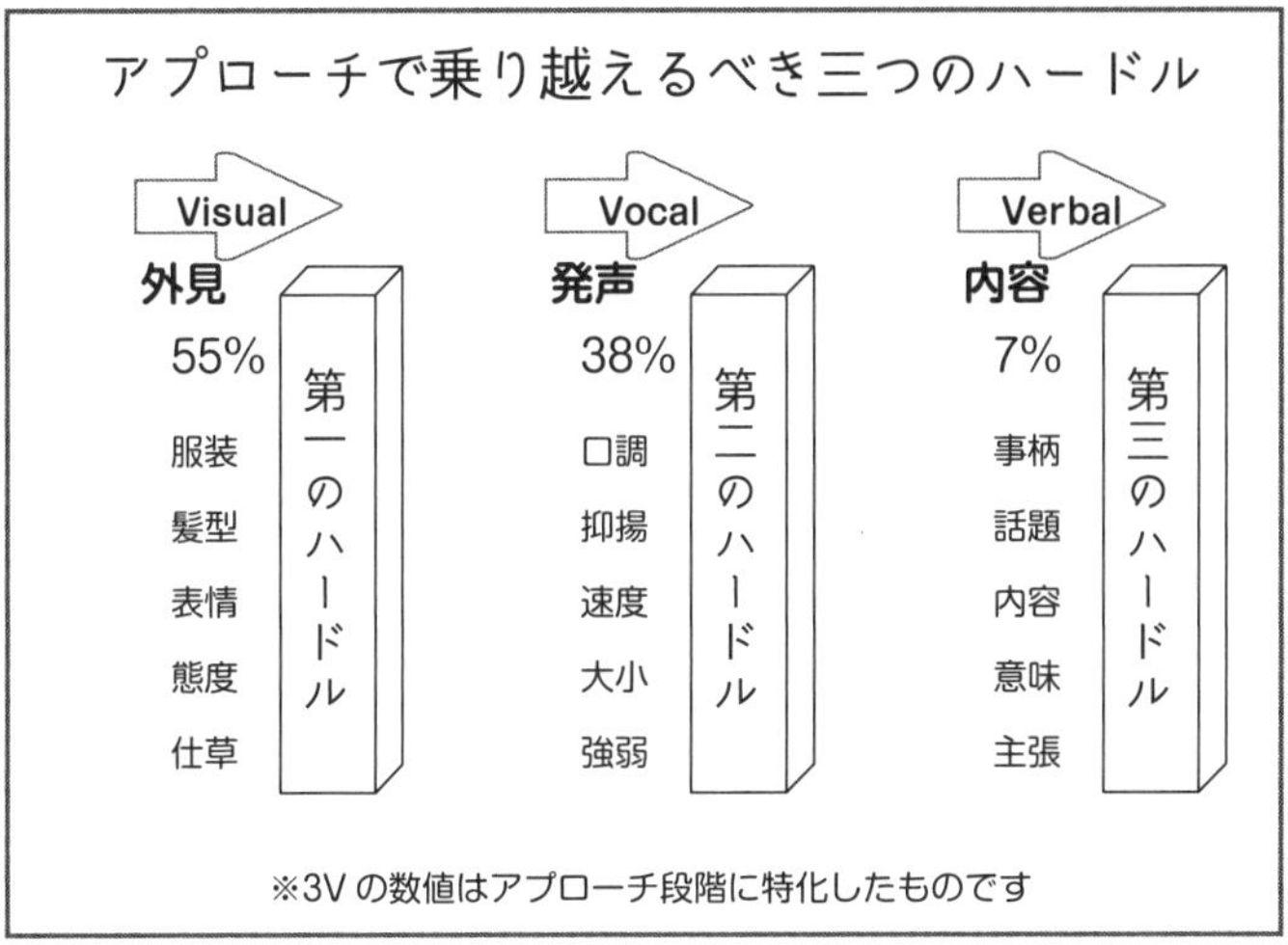

報＝Verbal）が７％」であるという内容だ。別名、頭文字の３つのＶから「３Ｖの法則」とも言われる。

この法則を、初回アプローチに当てはめると、お客様がショールームに初回来店され、営業スタッフと初めてコンタクトしたとき、お客様は、先ず、営業スタッフの服装、髪型、表情、態度、仕草等、外見「視覚情報」で判断する。

次に実際に話して、口調、抑揚、速度、声の大小、強弱等、発声「聴覚情報」で判断する。メラビアンの法則では、ここまでが「視覚情報＝Visual 55％」＋「聴覚情報＝Vocal 38％」＝で93％であるとしている。このように捉えると如何に視覚情報や聴覚情報の第一印象が大切かということが再認識できるだろう。

それともうひとつ、ここで注意してほしいのは、営業は「外見」「発声」で93％なのだから、その「外見」「発声」だけ気を付け、内容（7％）に当たる商品知識やプレゼンテーションはどうでも良いと短絡的に捉え、勘違いすることだ。

メラビアンの法則の数値はあくまで、アプローチ段階における第一印象の割合であって、アプローチ→プロモーション→クロージングという営業活動のプロセスが進むほど「内容」の割合が大きくなることをよく理解してほしい。

●〝大内流〟営業実績向上の極意

第一のハードル（外見55％）・第二のハードル（発声38％）を乗り越えた後、第三のハードル（内容）を理解していただくために、しっかりとプレゼンテーションをすることが大切だ。

×「ざんねん」なヒト（売れないドツボ）

第一の壁、第二の壁でつまづき、第三の壁まで至らず失注する。

○「できる」ヒト（売れるコツ）
3つの壁を着実に乗り越え、受注に結び付ける。

CHAPTER11回 B・M・Wでペーシング

■ポイント―売れる営業スタッフはB・M・Wでお客様のタイプにペーシングする

営業において基本となる活動は人と人の交流である。したがって営業スタッフはさまざまなお客様と日々交流をして信頼関係を築いたり、商談を促進する。そういった交流において、あのお客様とは、相性が良いとか、あのお客様とは今一つ相性が合わない、などという言い方をすることがある。

では何をもって相性というのか？ 辞書によると「相性は人と人との関係がしっくりいくかどうか」とある。

確かにお客様と一口に言っても、控えめで穏やかなお客様、活発で明るいお客様、

B・M・Wでペーシング

B	Body Language	**ボディランゲージをミラーリング** 身振・手振・姿勢・態度・ 動作・表情・呼吸・等
M	Mood	**ムードをチューニング** 雰囲気・情緒・空気・明暗・ 悲喜・動静・冷熱・等
W	Word	**ワードをマッチング** 言葉・大小・早遅・高低・ 口調・方言・専門用語・等

冷静沈着なお客様、さまざまなタイプのお客様がいる。同様に営業スタッフにも様々なタイプがいる。つまり相性が良いとは、お客様と営業スタッフの相互の性格・調子などが合っているかどうかということに他ならない。

孫子の兵法に「彼を知り、己を知れば、百戦して危うからず」という言葉があることからも、営業スタッフは、お客様のタイプを知り、且つ自分自身のタイプを理解した上で、営業スタッフの方からお客様のタイプに『同調』することで相性が良くなり、商談をスムーズに展開できる。

そして、同調＝ペーシング（pacing）のコツを一言でいうと「B・M・W」を意識し実践すれば良い。

図にあるB・M・Wとは ボディランゲ ージ（BodyLanguage）・ムード（Mood ）・ワード（Words）の頭文字を取ったものである。以下にB・M・Wを順番に補足説明するので商談時に活用して頂きたい。

1．ボディランゲージをミラーリング（mirroring）

ミラーリングは、相手の体の動きに合わせて自分の動きを鏡に映しているように合わせていく。例えばお客さまと商談コーナーで話している時、お客さまがカタログを覗き込んだら自分も同様に覗き込む。お客様が納得して頷いたら同様に自分も頷く。といった動作を意識的に続けることでお客さまとの一体感を醸成する。

2．ムードをチューニング（tuning）

チューニングは、相手のムード（気分や雰囲気）を察知し、周波数を合わせる。例えば、相手が車種・グレード・装備等の選択で考えあぐね、悩んでいたら、自分もお客様の立場で一緒に考えてあげる。納車時に新車を見て満面の笑みで喜んでいたら、自分も同様に感動し喜んであげるというように、状況に応じて相手の感情や気分に周波数を合わせることで一体感を醸成する。

3. ワードをマッチング（matching）

マッチングは、相手とワード（話し方：声の大小、高低、速度、方言等）を合わせる。例えば、早口のお客様にゆっくりと話しかけると「トロイ奴だ」と思われしまう、逆にゆっくり話すお客様に早口で話すと「せっかちな奴」と思われてしまうことがある。だから早口の人には早口で、ゆっくり話す人には、ゆっくりと話しかけることでワードをマッチングさせ同調することができる。以上、B・M・Wをペーシングすることで、初対面のお客さまに好感も持って頂くことができるので、是非実際の商談で活用していただきたい。ただ、ここで注意すべきことは、この営業テクニックをわざとらしくやってしまい、営業スタッフの意図がお客様に見透かされてしまうと逆にあざとい人、と悪影響を及ぼしてしまうことがあるので、実施においては、熟練とさじ加減が必要である。

●〝大内流〟営業実績向上の極意

売れる営業スタッフは、ボディランゲ ージをミラーリング、ムードをチューニング、ワードをマッチングすることで相手に同調し好感を得る。

×「ざんねん」なヒト（売れないドツボ）

お客様を十把ひとからげの消費者として捉え、ワンパターンの対応で交流が進展しない。

○「できる」ヒト（売れるコツ）

様々なお客様のタイプに合わせた個別対応のペーシングで、交流を深める。

CHAPTER12 ワイドな視野を持って活動する

■ポイント――目先の受注だけを追い掛け回すことなくワイドな視野を持って活動する

目前のひとつの事柄だけに気を取られて、全体を見失うことを「木を見て森を見ず」

と言う。

営業スタッフも成績不振でスランプが続くと自信を失い、「何百万円もする車がそう簡単に売れるわけがない」「自分は営業に向いていないのかもしれない」とマイナス思考に陥り、さらに重症になると「会社を辞めて事務職にでもなろうか」と、現実逃避がはじまる。

「はやく受注をとりたい」「この苦しい現状からすこしでも早く脱却したい」と焦れば焦るほど、新規開拓など間口の拡大が疎かになり、目先の見込客やホット客ばかりを追い掛け回す。

結果、ますます活動量が減り、窮地に追い込まれる。といった経験をしたことはないだろうか。

営業スタッフの心理からすれば、商談がある程度に煮詰まっている見込客やホット客に目が向くのはわからないではない。

しかし苦しい状態で商談をすると、焦りから足元を見られて、販売条件が悪化したり、決まるべき商談が決裂したりするものだ。

豊田佐吉翁は「障子を開けてみよ。外は広いぞ」と言った。売れないときこそ、数少ない目先の見込客だけを追い掛け回すのではなく、障子を全開にして大局的見地で幅広い活動をすることが肝要だ。

最後にスランプで悩んでいる営業スタッフに名言を紹介しよう。これは　Qちゃんこと、シドニーオリンピック金メダリスト高橋尚子選手が恩師の中澤正仁（高校教諭）から贈られた「何も咲かない寒い日は下へ下へと根を伸ばせ、やがて大きな花が咲く」という言葉だ。Qちゃんはこの言葉を自身の座右銘としているそうだ。

営業スタッフもこの言葉を「何も売れない寒い日は、外へ外へと眼を向けろ、やがて大きな実績に」と置き換えて、幅広い営業活動していただきたい。

●営業実績向上の極意

スランプに陥ったときこそ、木を見ず森を見よ。眼の前のホット客だけを追いかけまわすのではなく、ワイドな視野を持ってワイドな営業活動を行い、営業基盤を磐石にする。

×「ざんねん」なヒト（売れないドツボ）

目先のホット客だけを追い掛け回し、間口を狭め、新たな見込客を創造できない。

○「できる」ヒト（売れるコツ）

売れないときこそ、視野を拡大し、ワイドな視点で営業活動を実施する。

［トヨタの営業］プロモーション編

PART 3

モノを売るより人を売れ。お客様との関係性を強化する

CHAPTER1 車を売るより人を売る

■ポイント──売れる営業スタッフは車を売るより人を売る

自動車ユーザーでも、同じメーカー、同じディーラーの車種だけを代替するタイプのお客様と、代替するたびに、他メーカーの車に買い替えるお客様もいる。

ＪＤパワーアソシエイツの調査によると、お客様が車を代替する際、重視点のひとつにボディーデザインがあるという。昨今、各メーカーとも一部車種を除き、性能に大きな差がない中、デザインが代替時の大きな要因になるのは確かに頷ける。

しかし、デザインは個々人の好みであって、モデルチェンジをしたとき、新型車のデザインが、そのお客様の好みに必ずしも合致しているとは限らない。このことは営業職でさえ、自社扱いの車より他メーカーの車のスタイルが良いな、思うことがあることからも推察できるだろう。だが、売れる営業スタッフは、モデルチェンジで、どのようなデザインになろうとも、デザイン等にあまり影響されることなく、恒常的に販売実績を維持できるケースが多いようだ。

それに対して商談後「今回の新車、どうもお客様がお気に召さないようで…」などと上司に弁解するのは、だいたい売れない営業スタッフが多かったように思う。

つまり売れない営業スタッフは、車のデザインや性能等によって販売実績が左右される。

売れる営業スタッフは、車そのものよりも、顧客との揺るぎない人間関係や信頼関係で営業活動をしているので、デザインの良し悪しに、さほど影響されないように思えるのだ。

実際、同一メーカー、同一ディーラーから購入しているお客様に、どうして毎回同じメーカーの同一車種を購入するのか理由を訊くと、メーカーブランド、車の性能、デザイン等について触れるお客様も勿論いるが、大概は「もう営業の○○さんとは長いお付き合いだし、まめにいらっしゃるから、他のメーカーの車はね…」といった回答が多いものだ。

更に事例を挙げると、今まで、5年サイクルで代替していたお客様がいたとする。売れない営業スタッフが引き継ぐと代替サイクルが7年8年と伸びてしまったり、競合他社に買い替えられたりすることがある。

逆に優秀営業スタッフが引き継ぐと代替サイクルが早まり、3年目の初回車検到来時に必ず代替するようになった。というように、営業スタッフによって、代替サイクルが長くなったり、短くなったりするものだ。このように、車を恒常的に販売するためには、新規でご購入してくださる顧客数を増やすか、同じ顧客数であれば代替サイクルを早めるかのどちらかである。しかし成熟した自動車業界においてパイは固定化しているので、これ以上全体の保有台数を増やすのは困難な状態だ。

したがって車を増販するためには代替サイクルを早めるのが得策だ。そのためには、車の良し悪しやモデルチェンジにも左右されないように、営業スタッフとお客様との関係性を強化する顧客関係管理手法であるＣＲＭ（Customer Relationship Management）に徹することが求められる。

私が新入社員のとき、直属の上司から「車を売るより人を売れ」と良く言われたものだが、今でも私にとって営業における座右の銘になっている。

●〝大内流〟営業実績向上の極意

売れない営業スタッフは車を売り、売れる営業スタッフは車を売るより自分を売る。

×「ざんねん」なヒト（売れないドツボ）

人を売らずに、車を売っているので、車がお客様の好みでないと販売できない。

○「できる」ヒト（売れるコツ）

車を売るより人を売っているので、車のスタイルに関わらず継続的に販売できる。

CHAPTER2 お客様に貸をつくる

■ポイント――売れる営業スタッフはお客様に貸をつくる

人は、他の人から、何かしらの好意や施しを受けたとき「ありがたい」と思うと同時に「いつかお返しをしなくては申し訳ない」というような感情を抱くものである。この心理作用を「返報性の原理」という。換言すれば善意のある人が元来持っている義理人情のような感覚である。

したがって営業スタッフがお客様に何らかの貸をつくれば、お客様は営業スタッフに借りができた。いつかお返しをしなければと思うだろう。この原理を利用し、小さな貸しをつくることで営業実績を上げることも肝要だ。

身近な事例でいうと、あるお客さまが雨の日の夜遅く、車を運転中に、道路横の側溝に脱輪してしまった。立往生した挙句、最寄りのカーディーラーに電話したところ、スタッフが数人で駆け付け、びしょ濡れになりながらも車を引き上げてくれた。出張料を尋ねると、料金は請求せずに、車に関するご用命があるときは、是非お願いします。といった対応をしたとする。

恐らく、その人は車を買うとき、当時駆け付けてくれたスタッフのことを思い出し、声を掛けてくれるだろう。

他にも、お客様が事故をしたとき迅速な対応をする。病気で入院したとき花束を持ってお見舞いに行くといった行為だ。こういった返報性の原理を利用した営業手法は100回の単純訪問を繰り返すよりも遥かに効果的である。

逆に、「お客様との約束を守らなかった」「納期が遅れた」「アフターサービスが悪かった」等、不義理な対応を経験すると後で厄介なことになる。

お客様は、その時の不快な感情を誰かに聞いてもらいたいという感情が働き「あの営業スタッフは不誠実だ」「あの店舗はサービスが良くない」といったことを多くの人に吹聴、流布するといったこともある。これは返報性の原理でも良くない接客に対して何か仕返し、報復してやろう。といった心理が働くからである。テレビドラマで流行した「10倍返し」の原理である。

●〝大内流〟営業実績向上の極意

売れる営業スタッフは、返報性の原理を活用してお客様に貸しをつくり。売れない営業スタッフは悪評をつくる。

×「ざんねん」なヒト（売れないドツボ）

お客様に不義理をして、ビジネスチャンスを喪失する。

○「できる」ヒト（売れるコツ）

お客様に貸しをつくって、ビジネスチャンスを獲得する。

CHAPTER3 継続的な活動をする

■ポイント―売れる営業スタッフは、継続的な活動をする

『顧客から断られても、落胆してはいけない。販売は断られた時から始まる。「ノー」という言葉は断りの文句ではない。販売にとりかかれという信号である。仮に1人の見込客から、「ノー」と言われても、その言葉は、次の見込客に向かっての売り込みの始まりと考えよ。失望はセールスマンの最大の敵である。仕事に惚れ、商品に惚れ、顧客に惚れよ』※The Sale Begins When the Customer Says No [Elmer G. Leterman] より引用。

これが有名な「販売は断られた時から始まる」と言ったレターマンの言葉だ。継続

訪問の重要性について、面白いエピソードを紹介しよう。婚約が決まった直後に男性が外国に転勤になった。彼は婚約者との関係を維持するために毎週末に彼女の自宅にプレゼントを航空便で送り続けた。その結果、彼女は1年後、めでたく、彼女のもとへ荷物を届け続けた運送会社のセールスドライバーと結婚をした。

このエピソードの真偽はともかく、この事例は営業心理学でいう「単純接触の原理」という。つまり外国にいて会うことのできない婚約者よりも、単純接触を継続したセールスドライバーに好意を抱いたのである。

若手の営業スタッフから相談される内容のひとつに、上司から引き継いだお客様に対して、初回面談時は「このたび担当することになりました○○です。宜しくお願いいたします」と挨拶すれば良いが、2回目以降の訪問時に何を話題にして良いのか分からない、というのがある。

継続訪問が苦手な若手営業スタッフは、セールスドライバーの事例を参考に、最初のうちは単純接触でも良いので、定期的にコンタクトをとることでお客様に顔と名前を覚えていただくことから始めると良いだろう。

ただこのエピソードの時代背景はかなり昔の話であって、現代では顧客とのコンタクトは面談だけではない。電話・DM・FAX・Eメール、SNS等、様々な手段があり、売れる営業スタッフはこれらのツールを有効活用することで、お客様に自分を認知して頂き、「車を買うときは必ず○○さんから購入する」と思って頂けるような人間関係を構築している。

●〝大内流〟営業実績向上の極意

売れる営業スタッフは断られることなど気にしない。営業は断られた時から始まるのである。定期的にコンタクトを取ることで「買うときはあなたから」と思って頂けるような関係性を維持することが重要だ。

×「ざんねん」なヒト（売れないドツボ）

断られることを恐れ、一度断られただけで断念する。

○「できる」ヒト（売れるコツ）

継続は力なり、一度断られただけでは諦めない。

CHAPTER4 顧客情報を管理する

■ポイント―売れる営業スタッフは、活動対象であるお客様の情報を収集、管理、活用している

「顧客情報量」が受注の成否を大きく左右することがある。

なぜなら、さまざまな「顧客情報」を基に顧客ニーズを推察しアプローチを掛け、商談を促進する必要があるからだ。しかし顧客情報を収集、蓄積、データベース化し、有効に活用している営業スタッフはごく一部である。あるいは情報をデータベース化していても、そこに記載されている情報は「顧客情報」ではなく「顧車情報」であることが多い。

「顧車情報」は「車名」「車型」「グレード」「年式」「車検到来日」「走行距離」「整備等の入庫状況」「車両の外装の程度」など、車そのものに関する情報であり、極端な言い方をすれば現車、車検証、整備手帳（メンテナンスノート）見ればほとんどわ

かる内容だ。これらも「情報」であることには違いはない。

ただ、真にお客様のニーズに合った商品を提案していくコンサルティング型営業を推進するのであれば、もっとお客様ご自身に関する「家族構成」「使用用途」「趣味」「職業」「休日」「最適面談時間」等の「顧客情報」を積極的に収集し、活用することが必要だ。これらの情報なくして、販売戦略など立てられないし、お客様にとって有益な提案などできるはずがない。

情報の重要性に関する歴史上のエピソードを紹介しよう。

織田信長がわずかな兵力で今川義元に勝利した桶狭間の戦いで、信長が最も高く評価し褒賞金を与えた武士は、義元が桶狭間に入ったことをいち早く伝えた梁田政綱であったという。信長が、敵の大将義元を負傷させた服部小平太や首を取った毛利新助以上に、梁田政綱を高く評価した理由は、「義元が桶狭間に入ったという情報」の入手が何よりも大きな勝因であると判断したからだろう。

古今東西、如何に情報が重要性であるかを理解できるエピソードである。

売れない営業スタッフが、テレコールで商談の促進しているのを聞いていると「ご購入されてから、もう10年目もお使いです」「走行距離も50，000キロを超えています」「車検も近いので」といった具合に「顧車情報」に基づいたセールストークしかしていない。だが、売れる営業スタッフは「お孫さんができたんですね。旅行がお好きなら、次はミニバンをご提案します」といったように「顧客情報」に基づいた会話をしている。

そもそも顧客情報の「顧」は「顧みる」ことで、辞書に「心にとどめ考える。気にかける」と記してある。是非、営業活動において車を顧みるのではなく、しっかりとお客様を顧みてほしいものだ。

❹ 〝大内流〟営業実績向上の極意

売れる営業スタッフは「顧客情報」を管理しているのに対し、売れない営業スタッフは「顧車情報」を管理している。商談を促進するためには「顧客情報」を収集、データーベース化、管理、活用して顧客に対して有益な提案をすることが肝要だ。

×「ざんねん」なヒト（売れないドツボ）

顧車情報を収集しているだけなので、万人向けの画一的な提案しかすることができない。

○「できる」ヒト（売れるコツ）
顧客情報を収集し有効活用することで、顧客ニーズに合った様々な提案をすることができる。

CHAPTER5 話すより〝きく〟

■ポイント—話し上手は〝きき〟上手、まずお客様の話を〝きく〟ことからはじめる

読者の皆様は、トップセールスというと、どのような営業スタッフをイメージするだろうか？ 営業に関わったことのない人は、饒舌で立て板に水を流すが如く、流暢なしゃべりで顧客を圧倒するようなイメージをお持ちの方も多いようだ。

もちろん中には、こういったタイプのトップセールスもいるかもしれない。ただ私は知っているトップセールスといわれる人たちは、必ずしも饒舌、多弁、雄弁とは限らず、むしろ寡黙で話すことよりも〝きく〟ことに傾注しているように思われる。

昔から「話し上手は〝きき〟上手」と言われるように、優れたコミュニケーターは、ただ一方的に自分の伝えたいことを話す人ではなく、人の話を良く〝きく〟人である。なぜなら、まず、お客様の話をきいて、お客様が何を欲しているのか、お客様のニーズを把握しなければ、何を話して良いのか分からないはずである。ところが、売れない営業スタッフに限って、お客様の話を〝きく〟ことをせずに、お客様が欲してもいない内容を冗長に話し続けていることがある。

そこでコミュニケーションに関する〝きく〟を漢字で書くと「聞く」「聴く」「訊く」の3つ〝きく〟がある。これらをどのように使い分けるかというと、雑音が聞こえる、祭囃子が聞こえる、といった場合は「聞く」であり、どちらかというと、聞こえてくるといった感じで受動的な姿勢である。

次に、音楽を聴く、相手の話を真剣に聴く。といった場合は「聴く」であり、傾聴することだ。つまり「聞く」が受動的な姿勢に対して、「聴く」は、より積極的な姿勢である。

最後に、道を訊く、不明点を訊く。といった場合は「訊く」であり、相手に何かを尋ねることであることが分かる。

そして、これらはすべて同音異義語で日本語では、すべて〝きく〟と発音するが英語に置き換えると「聞く：hear」「聴く：listen」「訊く：ask」であり、明らかに異なった意味であることが良く分かる。そして、売れる営業スタッフは、お客さまとのコミュニケーションにおいて、お客様の話を積極的に聴き、分からないことがあればお客様に訊く。つまり「聴く：listen」と「訊く：ask」を駆使することでお客様情報を収集し商談を促進する。

だが、売れない営業スタッフのコミュニケーションは、ただ一方的に自分が伝えたいことを話すことに終始するか、ただお客さまの話を「聞く：hear」だけの表層的な駄弁であることが多い。商談を促進するために、オールマイティーな〝きき〟上手になることが肝要だ。

●〝大内流〟営業実績向上の極意

売れる営業スタッフは、お客様の話を聴き（傾聴）ながら、必要に応じて訊く（質問）する。売れない営業スタッフは、ただお客様の話を聞いているだけである。

×「ざんねん」なヒト（売れないドツボ）

お客様の話をただ聞くだけなので表層的な会話でニーズを把握できない。

○「できる」ヒト（売れるコツ）

お客様のニーズを把握するために、お客様の話をよく聴き（傾聴）し、よく訊く（質問）する。

CHAPTER6 肯定的な質問する

■ポイント――売れる営業スタッフは、お客さまに対し肯定的な質問をする

店舗で営業スタッフがお客さま宅にテレコールをしているときの会話である。「○○様のお車、3ヵ月後に2回目の車検になりますが、まだ5年ですから、新車は早いですよね」「そうですよね」「では、車検ですかね」「いつも近くのガソリンスタンドでお世話になっているとおっしゃってましたから当店への入庫は難しいですか」「はい、そうですか失礼いたしました」このセールストークを聞いてどう思われるだろうか。

これは明らかに売れない営業スタッフのセールストークである。この営業スタッフが電話を終えた後、お客様に問い掛けるときは否定的な質問ではなく、もっと肯定的な質問をするように指導したところ、営業スタッフいわく「でも、このお客様、前の車も10年近く乗っていましたし、車検はいつも近くのガソリンスタンドでやっているんですよ」という回答である。

そこで「このお客様、今の車も必ず10年乗るのかい」「スタンドではなく当店に入庫する可能性はゼロなのかい」と問い掛けると「だって今までそうだったわけですから」といった調子である。

では、売れる営業スタッフのセールストークはどうなるか。「○○様のお車、3ヵ月後に2回目の車検です。早いものでもう5年目になります。そろそろ新車にお買い替えを検討しても良い時期ですね？」「今でしたらまだ高いお値段で下取りできますよ」「車検をお取りになるのに費用も掛かりますのでは車検代を頭金の一部にして、そろそろお買い替えも是非ご検討ください」といった具合だ。

当然、後者の方が商談への、きっかけづくりなる可能性が高い。実際、想定問答において営業スタッフがお客様に対し「まだ5年ですね」と問い掛ければ「そうだね」と答え、「もう5年ですね」と問い掛けても、やはり「そうだね」と答えるケースが多いだろう。

これは営業スタッフが発したセールストークに対して「いいえ」「違います」と否定的な回答をするより「そうだね」という肯定的な回答の方がお客様も答えやすいからだ。

ちなみに売れない営業スタッフが否定的な問い掛けをする理由は、お客さまに対してあまり積極的にアプローチすると嫌われる、とか、お客様に対する遠慮があるのだろう。

だが、これは大きな間違いである。もし仮に新しい車に乗り換えたいと思っているお客さまに対して「まだ新車は早いですよね」といったような否定的な質問をしたらどうなるか。お客さまの買う気を削いでしまうことになるのは、容易に察しがつくはずだ。

お客様の車に対する価値観やお客様の懐具合（経済状況）は、人それぞれであって、新車を買っても一度も車検も取らずに代替するお客様もいらっしゃるし、ユーズドカーを買って乗りつぶすお客様もいるので、自分の価値観や先入観で判断せず、顧客の状況に合った個別の商談を推進することが重要である。

●〝大内流〟営業実績向上の極意

売れる営業スタッフは商談を有利に展開するために肯定的な質問をするのに対し、売れない営業スタッフは否定的な質問をすることで商談を不利にしてしまう。商談を有利に展開し受注に結び付けたいのなら肯定的な質問を意識し実践すべきである。

×「ざんねん」なヒト（売れないドツボ）

お客様に対して、否定的な質問をするので、商談が後退する。

○「できる」ヒト（売れるコツ）

お客様に対して、肯定的な質問をするので、商談が進展する。

CHAPTER7 オープン・クエッションを多用する

■ポイント―顧客情報を収集する際、売れる営業スタッフはオープン・クエッションを多用する

「訪問」という字を見ると分かるように、訪問は「訪ねる」と「問う」の合成語だ。つまりお客さまのお宅を「訪ねて」「門」をくぐったら、「門」の中に「口」があることから、必要に応じて「問う」ことが求められる。

そして「問う」を換言すれば「質問」することであり、お客様に質問することで、さまざまな「顧客情報」を収集することができる。

そこでお客様へ質問するときの手法だが、コーチングの手法でも用いられるクローズド・クエッション（限定式質問）とオープン・クエッション（拡大式質問）がある。

クローズド・クエッションは、お客様が「はい」「いいえ」で答えられる質問で、事例的にいうと「通勤でお使いですか」「お支払いは現金ですか」のような限定的質

手法	クローズド・クエッション 限定型質問手法	オープン・クエッション 拡大型質問手法
質問	「通勤でお使いですか」 「お支払いは現金ですか」	「どのような使い方をするのですか」 「お支払いはどうなさいますか」
回答	「はい」 「いいえ」	「平日は通勤、土日は家内が買い物、息子がスキーに」 「銀行から借りて、現金でお支払いします」
提案		「手続きも簡単ですし、金利もそんなに変わらないので是非弊社のクレジットをご利用ください」

※上記のようにオープン・クエッションの方がより多くの情報を収集することができ、提案型営業に結び付くので使い分け必要である。

問である。この質問に対する回答は「はいそうです」「いいえ違います」等が想定される。（図参照）

次にオープン・クエッションは、相手が自由に答えられる質問で事例的にいうと「どのような使い方をするのですか」「お支払いはどうなさいますか」のような拡大式質問であり、この質問に対する回答は「平日は通勤だけど、土日は家内が買い物に行ったり、たまに息子がスキーに使っています」「銀行から借りて、現金でお支払いします」といった回答が想定される。

このような場合、営業スタッフは「銀行からお借りになるのでしたら、手続きも簡単ですし、金利もそんなに変わらないので是非弊社のクレジットをご利用ください」と切り返すことで提案型営業をすることができだろう。

しかし前述したように「お支払いは現金ですか」といった限定的質問をして「はい、そうです」と回答されてしまうと、そこから話が進展（拡大）することはない。これらのことから、情報収集においては、クローズド・クエッションだけではなく、オープン・クエッションを多用することで、効果効率よく情報収集し、商談を進展（拡大）することが求められるのである。

●〝大内流〟営業実績向上の極意

より多くの有益な情報を収集し、提案型営業やコンサルティングを実践するためには、クローズド・クエッションに加えオープン・クエッションを多用することが効果的である。

×「ざんねん」なヒト（売れないドツボ）

クローズド・クエッションを多用するので、回答が限定され一部の情報しか収集することができない。

○「できる」ヒト（売れるコツ）

オープン・クエッションを多用するので、回答が拡大し様々な情報を収集することができる。

CHAPTER8 段階的に交渉する

■ポイント――売れる営業スタッフは、小さな取引から段階的に交渉し、やがて大きな実績に結び付ける

段階的交渉法（フット・イン・ザ・ドア）という商談のテクニックがある。これは、相手が受け入れやすい小さな商取引からスタートして、先ずは実績をつくり、その実績をベースにして、次にもう少しだけ大きな中程度の取引をする といったように段階的に商談↓取引↓実績を積み上げていく。そして最後に営業スタッフが手に入れたい本命の大きな取引（実績）に結び付けていく交渉術である。

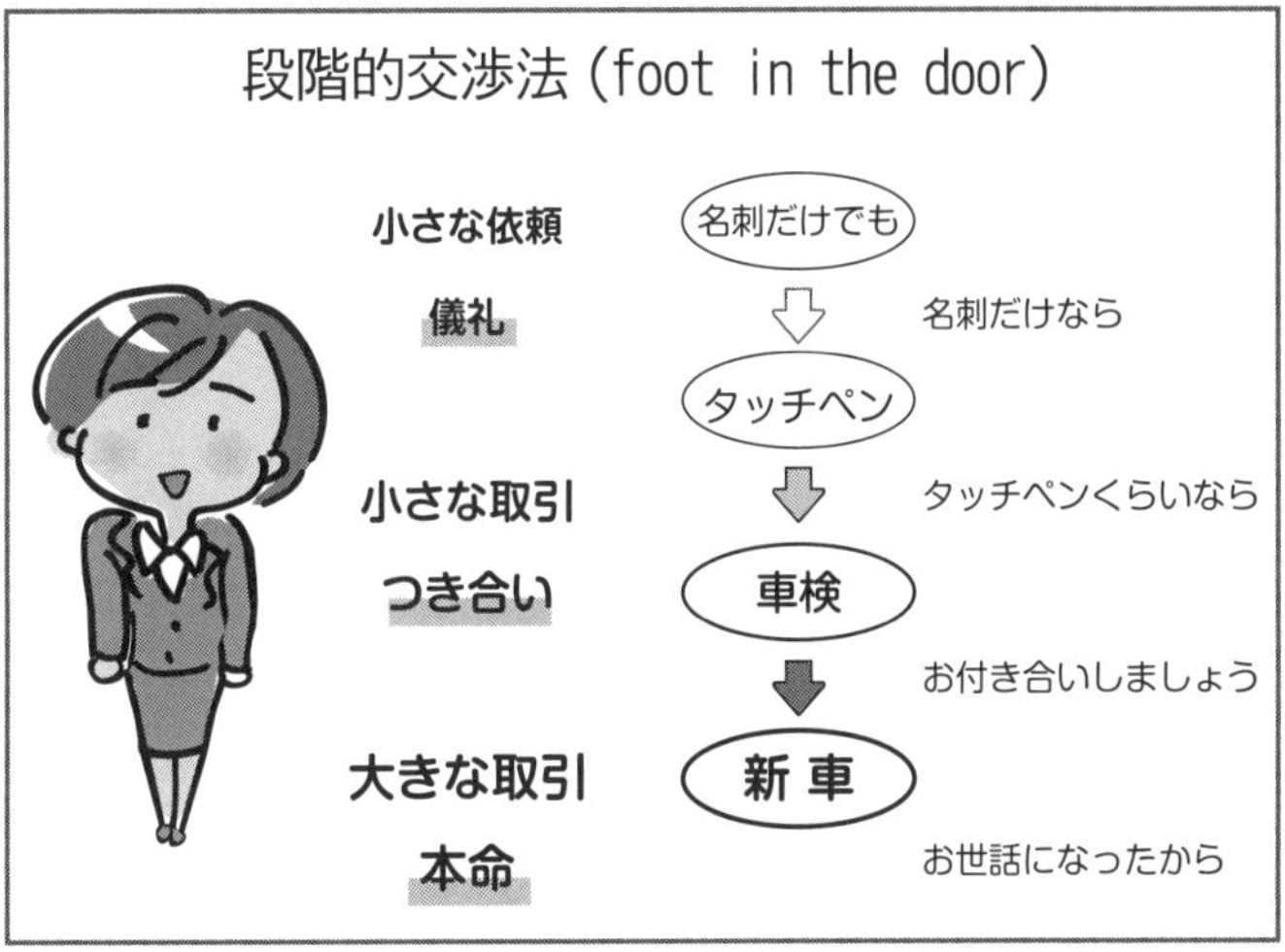

この呼称は、営業スタッフが訪問先で、まず片足をお客様のドアに一歩踏み入れて、ドアが閉まらないようにした後、徐々に中に入り込む行動に由来する。語源の由来に関しては、やや押し売り的な発想でCSという観点からは掛け離れているがセールステクニックとして認知されている交渉術だ。

事例的にいうと、新規訪問をしたとき、先ずは奥様と面談するために、「名刺だけでも直接お渡ししたいのですが」と言って、名刺をお渡しする。

次回訪問時、バンパーに付いている小傷を示し「マニュキアを塗る感覚でペイントして頂くと傷が目立たなくなり、錆びの防止にもなります」と言ってタッチペイントを勧める。

このような勧め方をされた場合、この前も名刺を頂いたし、数百円で簡単に傷が目立たなくなるし、錆び防止にもなるなら買っても良いと思うのが一般的な顧客の購買心理だ。そして次に訪問した時にタッチペイントと数百円の領収書をお渡しする。この金銭の授受をした瞬間、お客様との間に小さいながら商取引が成立したことになる。

そして次に点検、その次は車検、そして最後に大本命の新車の成約といったように段階的に商取引を繰り返し、実績を上げる手法である。

●〝大内流〟営業実績向上の極意

売れる営業スタッフは小さな取引も大切にする、少しずつでも段階的に取引（実績）を積み重ね、最後に本命の大きな取引（実績）に結び付ける。

×「ざんねん」なヒト（売れないドツボ）

商談や取引に連続性がなく、一過性の取引（実績）で終結してしまう。

○「できる」ヒト（売れるコツ）

小さな取引をきっかけに、段階的に大きな取引（実績）に結びつける。

CHAPTER9 譲歩しながら交渉する

■ポイント―売れる営業スタッフは、譲歩的交渉法を活用する

譲歩的交渉法（ドア・イン・ザ・フェイス）とは、本命の要求を通すために、まず過大な要求を提示し、お客様に断られたら譲歩し、少しレベルを落とした要求をする。その要求も断られたら、ここで初めて小さな（本命）要求をして、相手を説得する交渉法である。

これは、要求レベルの落差によって、営業スタッフも譲歩してくれたのだから、立て続けに断るのは申し訳ない。小さな要求であれば受容しようといった人間心理を応用した交渉術である。

この名称は、訪問先で営業スタッフがドアをむりやり押し開いて顔を突っ込んだら、お客様は拒絶する。顔を引っ込める代わりに何か小さな要求をする行為に由来する。

この語源の由来もいささか押し売り的な発想ではあるが効果的な手法である。

たとえば、お客様に、新車を勧める。拒絶されたらユーズドカーを勧める。それも拒絶されたら、「車検だけでもお願いします」といって、本命であった「車検」を勧めるといった交渉法である。

この譲歩的交渉法（ドア・イン・ザ・フェイス）は、前章でご紹介した段階的交渉法（フット・イン・ザ・ドア）と対称的な交渉法だが顧客との関係性や商談の進捗状況に合わせて活用することが肝要だ。

●〝大内流〟営業実績向上の極意

売れる営業スタッフは段階的交渉法

（フット・イン・ザ・ドア）と譲歩的交渉法（ドア・イン・ザ・フェイス）を状況に応じて使い分ける。

×「ざんねん」なヒト（売れないドツボ）

何の戦略もなく、いつもワンパターンの商談で成果を上げられない。

○「できる」ヒト（売れるコツ）

状況に応じて段階的交渉法や譲歩的交渉法等、様々な手法を用いて商談を締結する。

CHAPTER 10 商品価値を伝える

■ポイント―売れる営業スタッフは商品の説明に加えて、商品価値を説明する

商談においては、「商品自体」の説明に加えて、「商品価値」を伝えることが重要だ。商品価値は「商品」が「価（格）」に「値（する）」と読み下すことができる。つまり、お客様は商品を購入する際に、その対価として、商品に値する代金を支払うことにな

る。つまり自分が支払う代金が、商品価値に見合っていれば購入するが、逆に見合っていないと判断すれば購入を見送ることになる。次の通りだ。

商品価値 ≧ 価格 ↓ 購入する

商品価値 ＜ 価格 ↓ 購入しない

だから営業スタッフは「商品自体」の説明に加えて「商品価値」をしっかり訴求することが求められる。

因みにお客様が支払額について高いと思っているとき、一番短絡的で簡単な方法は値引きだ。弱気の営業スタッフの常套手段である「お客様、あといくら負けたら買っていただけますか」である。しかし「値引」と「利益」は二律背反の関係で、値引すればするほど利益が減ってしまう。

なので値引きに頼らず、適正な利益を確保しつつ受注するためには、商品価値をお客様にしっかりお伝えして、納得して頂くことが肝要だ。ところが営業スタッフの商談をさり気なく聞いていると、商品自体の説明だけで、あまり商品価値を伝えていないのが現状だ。

たとえばリゾートマンションを買う人はビルの一室が欲しいのではなく、快適な余暇が欲しいのだ。コンサートのチケットを買う人は、紙切れが欲しいのではなく娯楽が欲しいのだ。毛皮のコートを買う女性は防寒性ではなく、優越感や満足感が欲しいのだ。

同様に車を買う人は、車を購入することによって得られる快適なカーライフを手に入れたいのである。だから「①商品自体」の説明に加えて、「②商品価値」をしっかり訴求することが求められる。

事例的にいうと「①キャビンが広い→②くつろげる」「①ホイールベースが長い→②乗り心地が良い」「①加速が良い→②爽快感」「①燃費が良い→②経済性」「①自動運転→②楽である」等である。

では、ここで商品価値をお客様に確実に伝えるための効果的なプレゼンテーション話法である「F・S・Vの三段論法」をご紹介しよう。（次頁図1参照）

F・S・Vは、FACT、SCENE、VALUEの頭文字をとっており、FACTは「事実」で商品自体の機能・特長を伝えれば良い。SCENEは「シーン」で事例・体験談を織り交ぜ、活用シーンを伝えれば良い。VALUEは「価値」で効果・効用等、商品価値を伝えれば良い。

【図1】 F・S・Vの三段論法

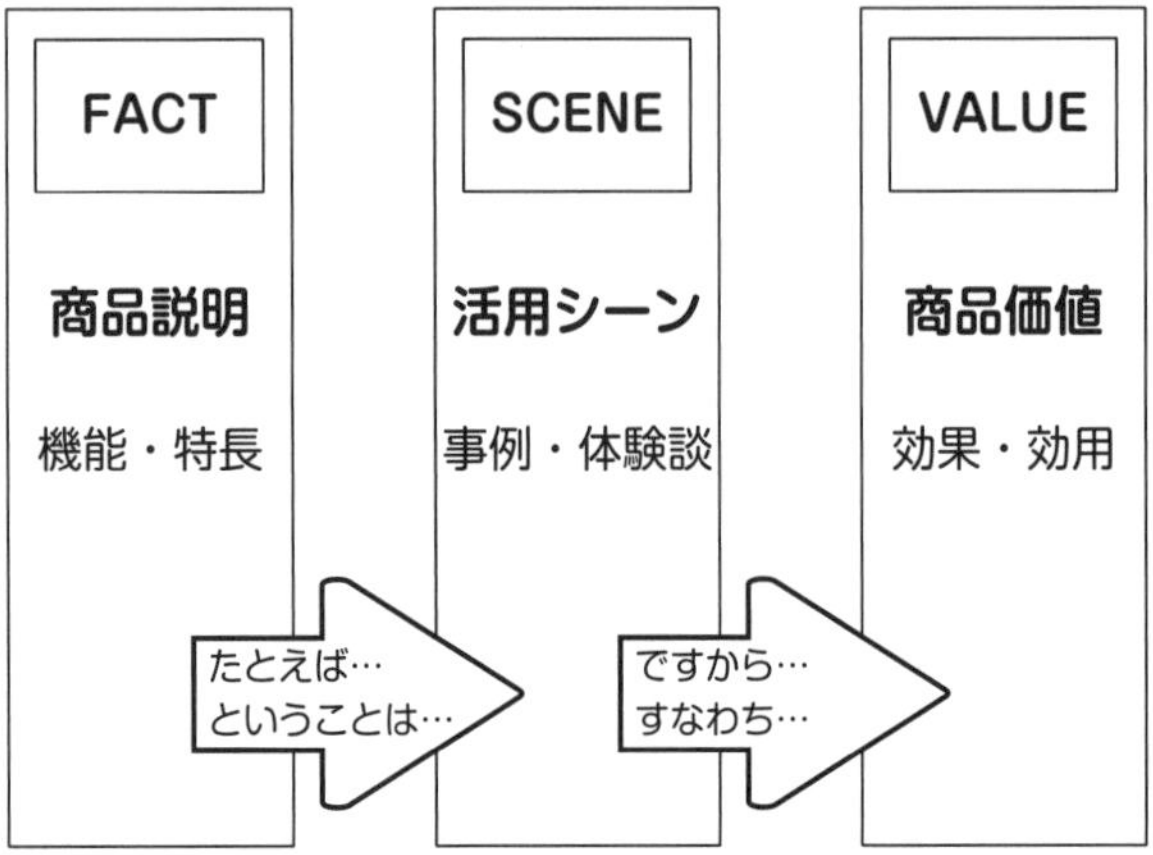

【図2】

	ABS
F	ABSは、アンチロック・ブレーキシステム (Anti lock Brake System) の略で、安全装置のひとつです
S	例えば、急ブレーキをかけた時にタイヤがロックするのを防止することで、車の走行安定性を保ち、危険を回避 しようとするシステムです
V	このことによって、走行中のお客さまの安全性が確保できます

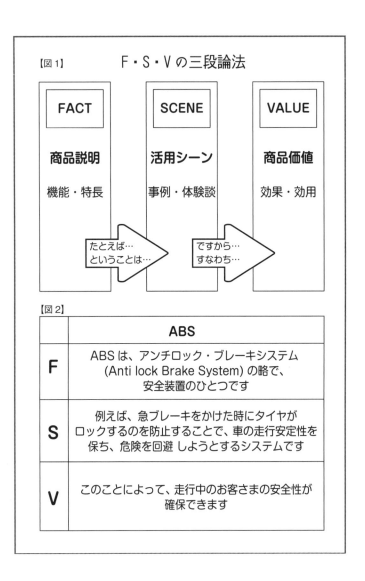

仮にABSを「F・S・Vの三段論法」でプレゼンテーションすると、以下の通りである。(図2参照)

F:「ABSは、アンチロック・ブレーキシステム（Anti-lock Brake System）の略で、安全装置のひとつです。」

S:「例えば、急ブレーキをかけた時にタイヤがロックするのを防止することで、車の走行安定性を保ち、危険を回避しようとするシステムです」

V:「このことによって、走行中のお客さまの安全性が確保できます。」これは私がトヨタ自動車営業人材開発部にいるとき開発した話法で、今でも社内研修で活用されており、営業スタッフも実際の商談で活用している。

●〝大内流〟営業実績向上の極意

商品を使うのは人である。したがって、商品を購入することで、その人が得られる商品価値を伝えることが肝要だ。売れない営業スタッフは商品中心の説明で終始するが、売れる営業スタッフは、商品説明に加えて人間中心の説明をすることで、商品価値をしっかりと伝えている。

×「ざんねん」なヒト（売れないドツボ）
商品自体の説明で終始してしまうので、商品価値が伝わらない。

○「できる」ヒト（売れるコツ）
商品自体の説明に加えて、商品価値を伝えることで、購買意欲を刺激する。

CHAPTER11

両面提示型話法を用いる

■ポイント――売れる営業スタッフは商品のデメリットとメリットの両面を伝える

「大きいことは良いことだ」「大は小を兼ねる」といったようにサイズが大きいと何かとメリットがある、逆に昨今、時代の潮流としてはSDカードから、ミニSDカード、更にマイクロSDカードといったように、軽薄短小（ダウンサイジング）が良いといったコンセプトもある。

実際、大きなサイズの車に乗っていたお客様が高齢になると、支払い能力はあってもコンパクトカーや軽自動車に乗り換えることも多くなってきた。

ある営業スタッフがコンパクトカーを検討している高齢者に対し「この車はホイールベースが長いので乗り心地も良いし小回りも効きます」といった商品説明をしていたが、この説明は明らかに不適切だ。4WSが付いているような特殊な車ならともかく、ホイールベースが長くなれば、最小回転半径は長くなり、通常は大回りになってしまう。

このように営業スタッフによっては、商談を優位に促進したいがために不適切な説明をしたり、商品のメリットだけ伝え、デメリットは伝えないケースが散見される。

しかし、商品の特徴として、メリットとデメリットがある場合、お客様に対して両面を伝えることで誠実さをアピールすることもできる。

そして、その際「取り回しは楽になりますが、車内はやや狭くなります」と「車内はやや狭くなりますが、取り回しは楽になります」を比較した場合、後者の説明の方がコンパクトカーを検討しているお客様に対しては訴求力があることはお分かり頂けると思う。

ただ、この時留意すべきことは、お客様が次期購入車はダウンサイジングでコンパクトカーにするという大前提があることが重要だ。お客様に迷いがあり、大きいサイズの車になる可能性もある場合は、商談の方向性をニュートラル状態にしておき、どちらに転んでも良いような話法を使っていきたい。

●〝大内流〟営業実績向上の極意

商品説明においては、商品のメリットだけを伝えるのではなく、必要に応じてデメリット、メリットの両方を伝える両面提示型話法でお客様からの信頼を得ることができる。

×「ざんねん」なヒト（売れないドツボ）

売りたいが為に、不適切な説明やメリットしか伝えないため信頼を失う。

○「できる」ヒト（売れるコツ）

両面提示型話法では、先にデメリットを伝えた後、メリットを強調して伝えることで商品の良さを訴求し、お客様からの信頼も獲得することができる。

CHAPTER 12 法人営業を得意とする

■ポイント──売れる営業スタッフは、個人だけではなく、法人営業にも眼を向ける

ドアーツードアーの飛び込み訪問をすると、法人だけ除いて訪問する営業スタッフがいる。どこの販社でも法人営業に苦手意識を持った営業スタッフが多いのが実態だ。そしてこの傾向は若手スタッフに特に多いようだ。法人が苦手な要因として「法人はとっつきにくい」「敷居が高い」「誰と面談して良いのかわからない」といったように漠然と苦手意識を持っているようだ。

そこで、誤った先入観を取り除くために、法人は一般的に、①車を複数保有している ②走行距離が多い ③比較的代替サイクルが早い ④商用車は受注までの結論が速い ⑤平日の昼間に商談ができる ⑥複数同時受注もある ⑦従業員にも購入してもらえる等々、法人営業のメリットを理解し、苦手意識を払拭することが肝要である。

更に法人の各キーマン（受付者→利用者→発注者→影響者→決定者）に対して、それぞれどのように営業活動を展開すれば良いのか、自ら実践を積み重ねることによって得られる現場体験知から、法人営業のノウハウを体得することが必要だ。

もうひとつ、法人営業が苦手な要因として、ビジネスカー（商用車）に対する苦手意識がある。たとえば、若手の営業スタッフに対して、乗用車の商談と商用車の商談があったとして、あなただったら、どちらの商談に行きますか。と尋ねると、大半の若手営業スタッフは「乗用車」と答えることが多い。

では、どちらの商談が即決の可能性が高いですか。と尋ねると、ほぼ全員が「商用車」と答える。更に追い打ちを掛け、商用車の方が即決するのに、何故わざわざ乗用車の商談に行くのですか。と尋ねると、回答は読者の想定通りで、「商用車の商品知識が乏しいからです」という結論になる。

次に商品知識が豊富なベテラン営業スタッフに同様の質問をすると「商用車の商談に行きます」と答えるケースが多い。理由を訊くと「トラックやバンなどの商用車は、スタイルにこだわるユーザーは、あまりいない。ボディーカラーも数色しかないので迷うこともない。納期を急いでいるケースが多いのですぐに決まる」等の回答を得る。

つまりベテラン営業スタッフは経験則から乗用車より商業車の方が、商談が即決する可能性が高いことを理解しているのであろう。

●〝大内流〟営業実績向上の極意

売れない営業スタッフはビジネスカー（商用車）の知識に乏しく、法人は、活動対象外なので個人客にしか販売できない。売れる営業スタッフは、法人営業のメリットを熟知し商用車の知識も豊富なので、自信を持って商談しているので実績も向上する

×「ざんねん」なヒト（売れないドツボ）

営業スタイルが「ＢｔｏＣ」だけで、顧客を限定しているため、乗用車しか売ることができない。

○「できる」ヒト（売れるコツ）

活動対象が「ＢｔｏＣ」に加え「ＢｔｏＢ」「ＢｔｏＧ」と、多岐に渡っているので乗用車に加え、商用車も売れる機会が多い。

※参考

企業対個人：「BtoC (Business to Consumer)」、

企業対企業：「BtoB（Business to Business）」
企業対行政：「BtoG (Business to Government)」

【トヨタの営業】クロージング編

PART 4

売れる営業スタッフのクロージング・テクニック

CHAPTER1 アポイントメントを取る

■ポイント――売れる営業スタッフは確実なアポイントメントを取って商談に結び付ける

アポイントメント、略してアポは、お客さまと面談（商談）の約束を取りつける行為のことである。仮にこれから営業スタッフがお客様と商談するとしよう。アポが取れている状況とアポが取れていない状況を比較した場合、どちらの方が受注に至る確率が高いか、言うまでもないだろう。

アポを取り付けたということは、お客様は営業スタッフとの商談を了承したことを意味しており、購入車種が決まり売買条件に納得できたら、車を購入しても良いという意思表示をしたようなものである。だから営業スタッフは少しでも多くのアポを取ることが受注に直結する。

ところが実際の販売現場では、アポを取らないで商談に行く営業スタッフが多いのが実態だ。その理由のひとつとして、せっかく見込客やホットになったお客様にアポを取ろうとアクションを起こすと、その時点で断られてしまうので、アポを取らないというケースがある。確かにアポを取らずに夜討ち朝駆けで訪問し、セールスパワーで受注する。ということもあるだろう。ただ、その手法はもうひと昔前の営業スタイルだ。昨今はアポを取らずに訪問しても「突然来られても困るよ」と迷惑がられることの方が多いのではないだろうか。

もしホットになっているお客様に対して、アポを取ることに懸念を抱いている営業スタッフがいたとしたら「この商談はアポが取れなかったら、所詮、決まらない！」と状況判断を変え、自ら意識改革をして、軟弱な営業スタイルから脱皮することが必要だ。

次にアポを取ったが面談できなかったということが稀にある。このようなケースは、アポは取ったが約束が曖昧、営業スタッフの一方的な思い込み、確約できていない、アポの再確認をしていない。といったケースだが大半だろう。

そこで、これからアポを取って商談に結びつける効果的な話法について考えてみ

時間を絞り込みアポを取るには拡大式質問
より限定式質問・選択式質問が有効

①	**いつだったらお会いできますか**	**拡大式質問**
②	**ご都合のよい日はいつですか**	**拡大式質問**
③	**週末にお時間頂けませんか**	**限定式質問**
④	**土、日でしたらどちらが宜しいですか**	**選択式質問**
⑤	**土曜日の午前、午後ではどちらが宜しいですか**	**選択式質問**

よう。たとえば、「いつだったらお会いできますか？」「ご都合のよい日はいつですか？」は、相手が自由に答えられる拡大式質問だ。この質問をすると、「来月になったら暇になるので連絡するよ」「都合が付いたら連絡するよ」というオープンな回答が返ってくることが多い。

このような質問に対して、「週末にお時間頂けませんか」といった限定式質問、若しくは「土、日でしたらどちらが宜しいですか」「土曜日の午前、午後ではどちらが宜しいですか」といった選択式質問を問いかけると「週末だったら良いよ」「土日だったら土曜日かな」「できれば午後にしてくれる」と、回答を得る可能性が多くなる。

このように、すべてお客様のご都合任せではなく、営業スタッフが主導権を握りながら、ある程度誘導し、限定式質問、選択式質問を効果的に組み合わせて活用し、面談時間を絞り込みアポを取ることが有効だ。

更に留意点としては訪問か来店かを明確にするとともに、午前、午後、夕方といった曖昧なアポではなく、できれば何時に訪問、何時に来店、といったように具体的な時間を明確にするともに、アポを取った日から数日経過していたら前日か当日にアポの再確認のご連絡をすると更に効果的である。ここまでできれば営業スタッフ自身も受注に対して期待が持てることだろう。

●〝大内流〟営業実績向上の極意

すべてお客様のご都合任せではなく、状況に応じて限定式質問、選択式質問しながら誘導し、時間を絞り込むことでアポを取り、確実な受注に結び付けることが肝要である。

×「ざんねん」なヒト（売れないドツボ）

断られることを恐れ、アポを取らないので商談の機会を逸してしまう。

○「できる」ヒト（売れるコツ）
営業スタッフが主導権を握りながら限定式質問、選択式質問し確実なアポを取る。

CHAPTER2 商談の数が多い

■ポイント――売れる営業スタッフは有効な商談を数多く実践している

米国でも和製ベーブ・ルースと評価されている大谷翔平選手だが、ベーブ・ルース(Babe Ruth)は、米大リーガーの往年の大選手であり、生涯通算本塁打数７１４本を打って、野球の殿堂入りを果たし、野球の神様と言われた米国の国民的なヒーローである。当時、新聞記者がベーブ・ルースにインタビューでホームランを打つコツを聞いたところ「少しでも多くバッターボックスに立ち、少しでも多くバットを振ることだ」と答えたそうだ。

これを自動車販売に当てはめると、少しでも多く商談し、少しでも多くクロージングをすることになる。そしてもうひとつ付加しておきたい留意点は、下手な鉄砲、数撃ちゃ当たる的に、単に数が多いだけではなく、有効な商談件数、有効なクロージング件数を増やすことが大切である。実際、売れる営業スタッフと売れない営業スタッフを比較すると有効な商談数、有効なクロージング数に大差があるはずだ。

それが証拠に低実績で伸び悩んでいる営業スタッフに対し、単なる面談数ではなく、当月有効だと思われる商談件数を確認すると、僅か数件であったり、下手すると自身の当月の販売目標より少ない件数しか商談をしていないようなケースさえある。

たとえば5台の販売目標であるにもかかわらず、月に4件しか、まともな商談していなかったとしたら、目標を達成できるわけがない。それに対し売れる営業スタッフは、自分に与えられた販売目標より必ず数多く有効な商談をしている。月に10件しか商談していないのに12台受注できるというようなケースは2台口、3台口といった大口受注がない限りありえないことだ。

これらのことから車を売るために求められる活動指標のひとつとして、自分自身の過去の商談における受注の決定率を算出し、逆算することにより自分が当月行うべき商談数を明確にするという考え方が逆算管理手法だ。

たとえば、ある営業スタッフの当月の販売目標が5台だとして、その営業スタッフの過去の商談の決定率が概ね50％程度であれば、最低10件の商談をする。同様に決定率25％であれば最低20件の商談をする。というように、過去の商談やクロージングの決定率から受注をするために必要な商談数やクロージング数を割り出すのである。

但しこの逆算管理の手法は、極端に決定率の低い低実績の営業スタッフだと、単なる面談や煮詰まってもいない内容も商談やクロージングとして安易にカウントしてしまう。

すると、当月5台受注するために200件の商談が必要といったような非現実的な数値になってしまうケースもあるので、あくまでひとつの考え方であって絶対的な指標ではないことを押さえておきたい。ただ車を売るためには、少しでも多くバッターボックスに立ち（有効商談数）、少しでも多くバットを振る（有効クロージング）ことは普遍妥当的な原則である。

●〝大内流〟営業実績向上の極意

売れる営業スタッフは、販売目標を達成するために必要な商談やクロージングを数多く実施しているのに対し、売れない営業スタッフは、それらの絶対数が少ないため、目標を達成することができない。当月の目標を達成するために、有効な商談と有効なクロージングを増やすことが必要である。

×「ざんねん」なヒト（売れないドツボ）

有効な商談、有効なクロージングが少ないので、目標達成が困難である。

○「できる」ヒト（売れるコツ）

有効な商談、有効なクロージングを数多く実践しているので、目標を達成できる。

CHAPTER3 過去の車歴と購入パターンを把握している

■売れる営業スタッフは、商談予定客の過去の車歴、購入パターン、購入条件等を把握してから商談に臨む

商談をする際、お客さまが現在使用している保有車に関する情報、これから販売し

ようとしている車に関する知識だけではなく、過去にお客様が購入（保有）していた車に関する情報も事前に収集しておくことが肝要だ。

なぜなら過去に保有していた車種、保有期間、付属品、オプション、購入パターン、購入条件等の情報から、購入時期を推察したり、具体的なご提案をすることができ、商談を効率的に促進することができるからだ。

以下3つのケースを考察してほしい。

【ケース1】 過去に保有していた車は3台、すべて自社から購入、必ず初回車検（3年目）の1ヵ月前に同一店舗で代替している。

ボディーからはすべてパール系ホワイト、当時の注文書を見ると値引額は少なく、付属品等すべて有償になっている

【ケース2】 過去に保有していた車は2台、すべて自社から購入、代替サイクルは2台とも9年以上、すべてモデルチェンジ直前の旧タイプの在庫車を異なった店舗から購入している。

ボディーカラーはホワイトとブルーメタリック、値引き額は多く、付属品等も無償でサービスしている

【ケース3】 過去に保有していた車は3台ともすべて異なったメーカーで、代替サイクルに一貫性はないが比較的早い時期に代替していて、すべてニューモデルの発売直後に購入している。

値引情報等は他社なので不明だが、発売とともに購入しているので、値引きはほとんどないと推察される。

上記の3つのケースについて、お客様のタイプを営業スタッフの立場で推察すると、ケース1は「超優良ユーザー」 ケース2は「値引重視ユーザー」 ケース3は「新し物好きのユーザー」といった感じだろう。

ケース1では、過去に購入している車は、すべて同一時期に同一店舗から購入していることから、次も3年目に同一店舗から購入するという仮説を立て、その時期にアプローチを掛け商談を促進することが有効である。

また値引きが少ないこと、付属品等すべて有償になっていることから、あまり値引しなくても受注をすることができるだろう。ディーラーにとっては、大変ありがたい優良顧客である。

ケース2の場合、2台とも自社扱いではあるが代替サイクルは9年と長いこと、すべてモデルチェンジ直前の旧タイプの在庫車を毎回異なった店舗から購入していることから、デザイン、性能よりも、価格重視で買い回りをするタイプのお客様であると推察される。

モデルチェンジ前の特販車を提案するとともに、買い回りで他店に取られないよう注視しながら促進をすることが必要だろう。

ケース3の場合、3台ともすべて異なったメーカーで、代替サイクルは早く、ニューモデル発売直後に購入しているので、どちらかというと新し物好きなユーザーであり、これらのことから新車情報をいち早く提供し速やかにクロージングを仕掛けることが大切である。

ケース1、2、3の検証を踏まえて更に補足すると、お客様が自社から購入している場合、商談前に当時の注文書の控えを見て「グレード」「オプション」「付属品」「過去の値引き額」等、購入条件を確認しておくと、戦略的に商談を推進することができる。

たとえば毎回サイドバイザー、ナンバーフレーム、タイヤチェーンをサービスで付けているのであれば、今回もきっと無償サービスを要求されることが想定できる。なので、その分、値引を抑制して提示しておき、無償サービスを要求されたとき対応するといったように販売戦略を立てることができる。

ここまで、過去の車歴、購入パターン、購入条件等を事前に収集しておくことの重要性について記したが、あくまで想定、仮説であり、家族構成が変わった等、状況が変わることもあるので、必ず常に情報収集し、ニーズを把握しながら商談を促進することが肝要である。

●〝大内流〟営業実績向上の極意

商談前に、過去の車歴、購入パターン、販売条件等の情報を収集しておくことで商談を優位に推進することができる。

×「ざんねん」なヒト（売れないドツボ）

売れない営業スタッフは何の戦略もなく場当たり的な商談を繰り返す。

〇「できる」ヒト（売れるコツ）

売れる営業スタッフは過去の購入パターンから、戦略的に商談を促進する。

CHAPTER4
不安の除去と期待の増大

■ポイント—売れる営業スタッフは、お客さまの不安を除去し、期待を増大することで、顧客購買意欲を刺激する

個人消費者にとって高額商品といったら、一般的には住宅に次いで車が該当するのではないだろうか。

そして住宅や車などの高額商品の購入を検討しているお客さまの購買心理を一言でいうと「期待と不安」という言葉に集約できるのではないだろうか。

日本語には「不」のつく言葉が沢山ある。不買、不安、不信、不快、不要、不潔、不親切、不正、不足、不当、不利、不備、不便、不急、不満、その他諸々、そして「不」という字は、接頭語で名詞または形容動詞の語幹に付いて、それを打ち消し否定する意を表す。

つまり「不買」は買わないことで、「不信」は信用していないことになる。したがって、営業スタッフは商談を促進する際、お客さまの抱いている「不」の要素を取り除くことが大切だ。

お客さまは不信感を持っている営業スタッフ、不快な営業スタッフ、不親切な営業スタッフからは、車を買わないのである。

また、どんなに営業スタッフの人間性が良くても、営業スタッフが提案している車がお客さまにとって、不要な車、不適な車、不便な車なら買わないし、購入条件がお客さまにとって、不利な条件、不満な条件、不当な条件なら購入しないだろう。

だから営業スタッフが商談を円滑、有利に展開するために、このような「不」の要素をひとつずつ除去することが求められるのである。次に「期待と不安」の期待を増大するためには、営業心理学で使うＡＩＤＭＡ（アイドマ）の法則を用いて促進すると良い。

ＡＩＤＭＡ（アイドマ）は米国のサミュエル・ローランド・ホールが提唱した広告宣伝に対する顧客購買心理のプロセスを示したもので1.Attention（注意） 2.Interest

（関心）3.Desire（欲求）4.Memory（記憶）5.Action（行動）の頭文字を取ったものであり、Attentionを「認知段階」、Interest、Desire、Memoryを「感情段階」、Actionを「行動段階」として、分類している。具体的な事例は、図1を参考にしてほしい。

このように、お客様は高額商品のご購入を検討しているとき、購買心理として、常に期待と不安が拮抗しており、不安より期待が大きければ商談が加速される。ところが、期待より不安が大きければ商談にブレーキが掛かってしまう。（図2参照）したがって営業スタッフはお客様の不安を除去しながら、期待を増大することを意識しながら商談を促進することが肝要である。

●〝大内流〟営業実績向上の極意

売れる営業スタッフはお客さまの持っている不のつく要因を除去するとともに、AIDMAの法則を意識した活動でお客さまの購買意欲を促進するのに対して、売れない営業スタッフはお客さまの不安を取り除くことができずに、購買意欲を促進するこ

【図1】 ＡＩＤＭＡの法則

1 **A**ttention	(注意)	**おっニューモデルの車か**	認知段階
2 **I**nterest	(関心)	**ちょっとカタログだけもらうか**	感情段階
3 **D**esire	(欲求)	**なかなか良いな**	
4 **M**emory	(記憶)	**ちょっと検討してみよう**	
5 **A**ction	(行動)	**よし、ショールームに行ってみるか**	行動段階

【図2】 顧客購買心理を知る

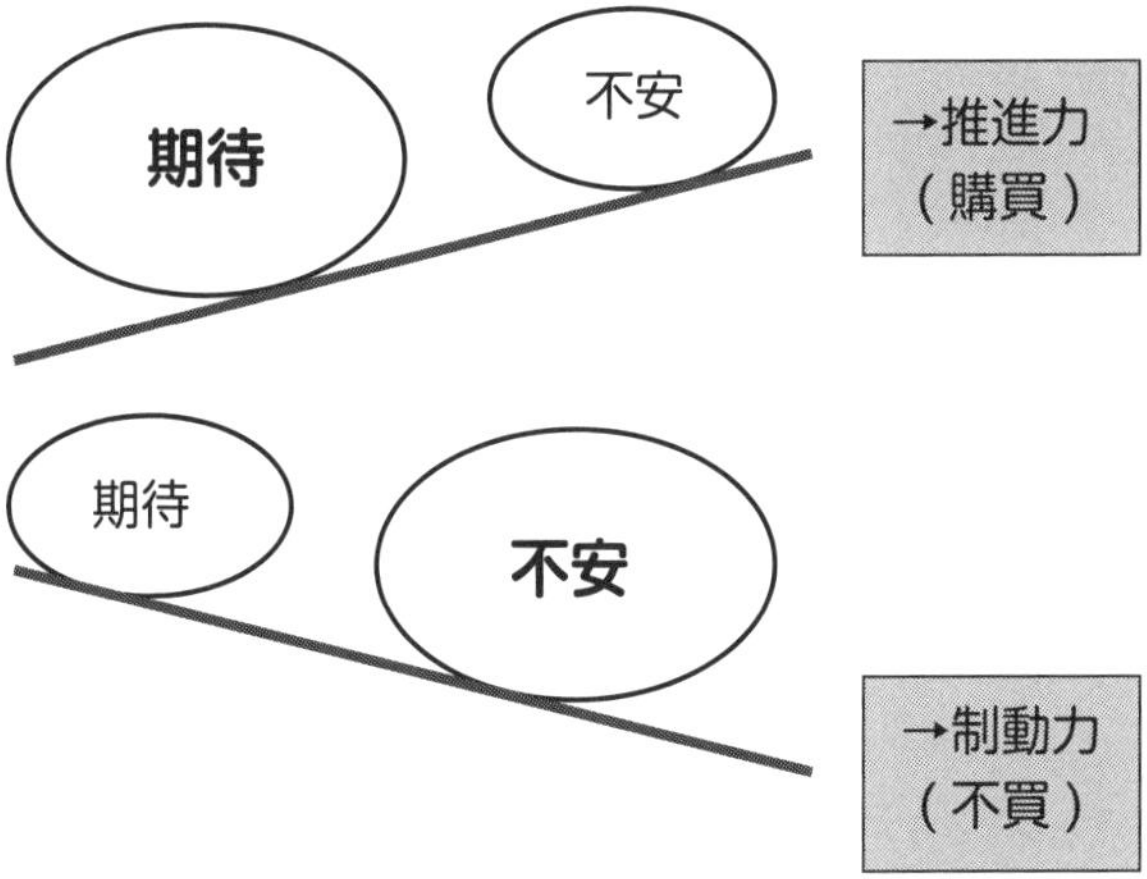

ともできない。
×「ざんねん」なヒト（売れないドツボ）
お客様の不安を助長し、期待を摘み取ってしまうので商談を停滞させてしまう。
○「できる」ヒト（売れるコツ）
お客様の不の付く要因に眼を向け不安を除去し、ＡＩＤＭＡの法則で期待を増大する。

CHAPTER5 販売条件は自信を持って提示する

■ポイント―売れる営業スタッフは、値引等の販売条件を提示する際は自信を持って提示する

販売車種や発売時期、また販社の販売方針等によって、新車の値引き幅が異なることを昨今のお客様はよく知っていて、事前に自動車情報雑誌の値引情報等をしっかり収集してから、一店舗だけではなく数店舗を買い回りするようなケースも多くなって

きた。

営業スタッフが商談を促進していく過程で、値引等の販売条件を提示するというプロセスが必ずある。そして、そのタイミングや話法が受注の成否を大きく左右することがあるので、充分配慮し販売条件を提示することが求められる。

ところが営業スタッフの商談を聞いていると、お客様に条件を提示するときに、こんな言い方をしていることはないだろうか。

「とりあえず5万円の値引きをさせていただきますが、いかがでしょうか」「基本の値引きは5万円になっておりますが、是非ご検討ください」こんな条件提示の話法を聞いて、お客様はどう思うだろうか。ここで、留意すべきことは、5万円という値引額の大小について言及しているのではなく、条件提示をする際の「言い方＝話法」についで指摘したいのである。

「とりあえず…」というような言い方をすれば、買う立場からすると「とりあえず5万円か、後はどれくらい値引きできるのだろう」と考えるだろうし、「基本の値引きは…」と言われれば、「基本は5万円か、例外ではどれだけまけるかな」と、受け取るであろう。逆に「15万円が弊社にできる最高の値引きです」と、無条件に値引きの上限額を提示した場合はどうだろうか。

これはケースバイケースだが、自社ユーザーで営業スタッフとお客様との間に揺るぎない信頼関係があれば、最初の条件提示で、すんなり受注できることもある。しかし人間関係が希薄な場合は上手く事が運ばないこともある。

そして、ここで押さえておきたいことは一度条件を提示し、その場で受注できないと、次回商談をするときは、提示した15万円の値引が商談のスタートラインになってしまうのが通例であることだ。このような場合、更に販売条件が悪化したり、スムーズに受注できないこともある。

では、どのようなタイミングで、どのような条件提示が望ましいのか、ということになるが、これも、お客さまのタイプやその時の状況によって一概には言えず、ベストな方法を特定することはできない。

ただひとつ言えることは、値引をする際は、お客様のご要望を先ず確認し、お客様のご要望を満たせば、必ず買っていただけるという前提条件のもとに販売条件を提示することがセオリーだ。

具体的な話法としては「この条件を満たせば、今お決め頂きますね」「かなり厳しい値引きですが、上司に相談して参りますので、この条件を飲んだ時はご成約頂けますね」と確認し、お客様が「買います」と意思表示したときは対応すれば良い。

しかし、曖昧な反応であったり、はっきり意思表示しない場合は、更に商談を煮詰め、再度タイミング図りながら、最終条件を提示しクロージングをすると良いだろう。

●〝大内流〟営業実績向上の極意

売れる営業スタッフは、お客様のご要望を良く聴取し、購入していただけるという前提条件のもとに、タイムリーに販売条件を提示し受注に結び付けるのに対し、売れない営業スタッフは場当たり的に値引をして販売条件を悪化させてしまう。

×「ざんねん」なヒト（売れないドツボ）

とりあえずと言いながら小出しに条件を提示し不信感を抱かれる。

○「できる」ヒト（売れるコツ）

タイムリーに自信をもって、販売条件を提示し受注に結び付ける。

CHAPTER6 鉄は熱いうちに打つ

■ポイント――売れる営業スタッフはお客様の気持ちが高ぶっているときタイムリーに受注する

「鉄は熱いうちに打つ」これは、もともとイギリスの格言の〔Strike while the iron is hot.〕を和訳したものである。意味は「手遅れにならないうちに処置を講ぜよ」「熱意が盛り上がっているうちに実行することが大事である」ということだが、営業経験のある人なら、確かにそうだと頷けるのではないだろうか。

商談も最終段階、車種が決まり、グレードが決まり、ボディーカラーも決まり、オプションも決まった。そこでお客さまに決断を促すと「後一週間だけ考えさせて」「後三日だけ待って」「明日必ず返事するよ」等々、よく聞く断り文句だ。

そして、一週間後、三日後、翌日、お客さまと面談すると「車の注文？」「そんな話しましたっけ?」「まだまだ先の話だよ!」と状況が一変してしまうことがあるように、結論を先送りして良い結果になることはあまり多くないようだ。

だから洋の東西を問わず、鉄は熱いうちに打たなくてはいけないのである。ところが売れない営業スタッフは、やっと見つけたホット客に対し、嫌われては元も子もないという弱腰な態度でお客さまと接し、最後まで商談を詰めることをせず、せっかく熱くなったお客さまの購買意欲を冷ましてしまうのである。

そこで、鉄を熱いうちに打つために留意すべきことを補足すると、あの営業スタッフは「押しが強い」とか「押しが弱い」といった言い方をすることがある。

そして営業の世界では押しが強いといった場合、良い意味で用いることが多い。もちろん、ただしつこいだけの押し売り的営業はNGであるが、初回来店客に対して、短時間で即決受注に持ち込むのが得意なのは、概して押しが強い営業スタッフであることが多く、鉄を熱いうちに打っているはずである。

押すはプッシュする。もしくはプレッシャーを掛けることである。

したがってクロージング段階において、お客様に適度なプレッシャーを掛けるのは

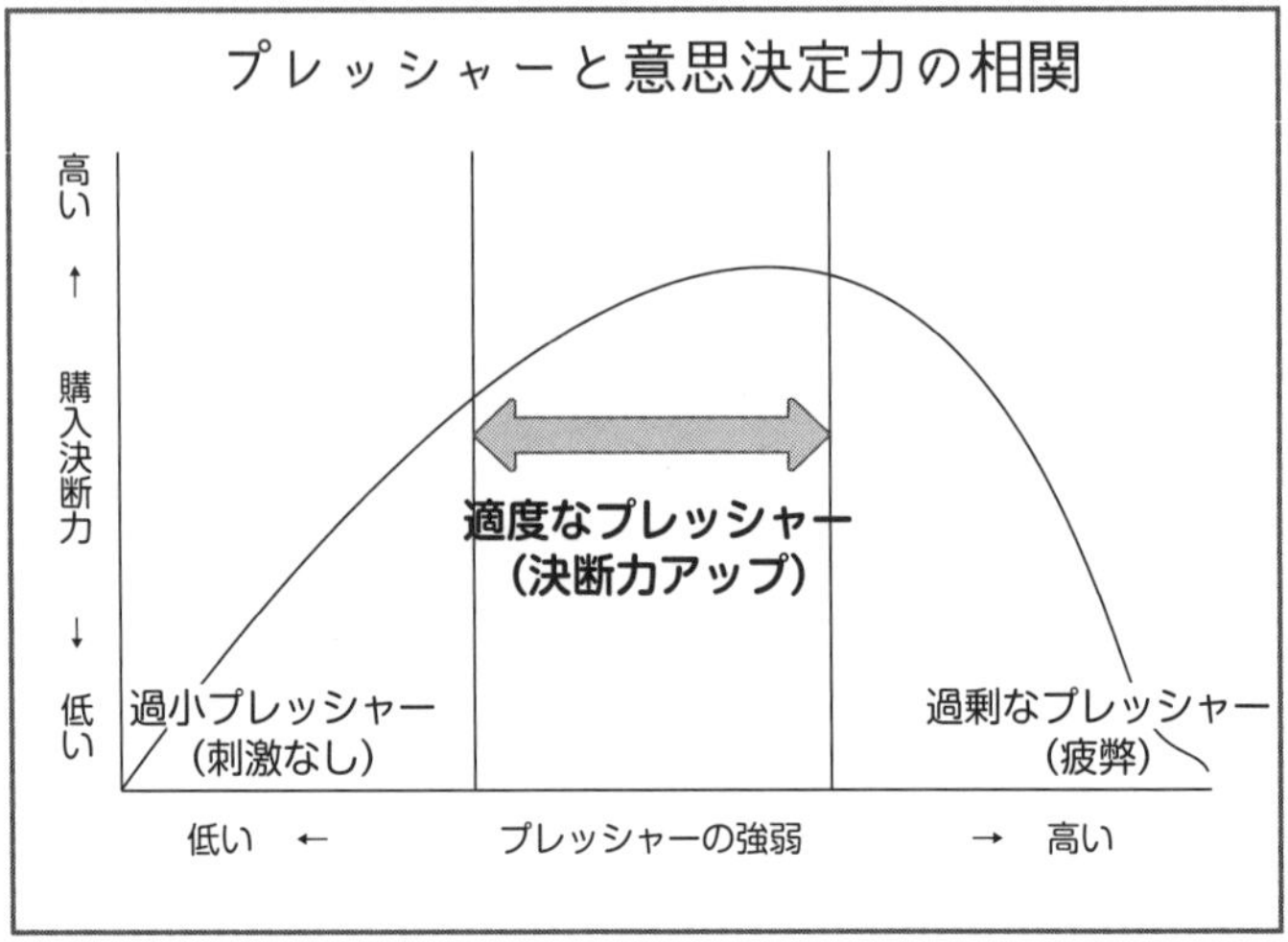

効果的である。もしかしたらお客様によっては、営業スタッフがもう一押し背中を押してくれたら決断しようと思っているかもしれない。

そこで、営業スタッフの【プレッシャーの強弱】と、お客様の【購入決断力】との相関について説明すると、以下のグラフの通りである。（グラフ参照）

グラフから読み取れるとおり、何もプレッシャーがないとお客様は刺激がなく、そのうち気が向いたら買うよ、といった反応であることが多く決断をしない。逆にプレッシャーを掛けすぎるとお客様は疲弊してしまい、反感を買われることで、買わないといった決断をさせてしまうこともある。

よってグラフのように適度なプレッシャーを掛けることで、お客様の購入決断力も高まり受注に至る可能性が高まる。したがって押しが強い営業スタッフはプレッシャーの掛け方の加減が適切な営業スタッフであるといえる。

更に購入を正に決断しようとしている時のお客様の気持ちは、前章でも述べたように「期待」と「不安」が拮抗しており、新しい車に乗れるという期待と、本当にこの車で良いのかな、月々の支払い大丈夫かな、といった不安である。

そして、更にお客様の気持を一言で集約すると「後悔したくない」である。

このような商談の最終段階では、前章にも述べたように、良くヒアリングすることで、購入にあたりお客様が不安に思うことを、一つひとつ払拭するとともに、新車をご購入された後の楽しいカーライフを彷彿させ、期待を増大することが肝要である。

●〝大内流〟営業実績向上の極意

「機を見るに敏であれ」商談もズルズル時間ばかり掛けていると、時間の経過とともに状況も変化し、お客様の気持ちも冷めてしまう。好機と判断した場合は時間を空けず一気にクロージングしたほうが、確実に受注率が上がることを肝に銘じてほしい。

×「ざんねん」なヒト（売れないドツボ）

好機を逃し、クロージングをせずにビジネスチャンスを逸してしまう。

○「できる」ヒト（売れるコツ）

好機を捉え、一気呵成にクロージングを仕掛け商談を成立させる。

CHAPTER7 応酬話法を準備する

■ポイント──売れる営業スタッフは想定される断り文句に対し応酬話法を準備している

クロージングをしていて、すんなり何の抵抗もなく受注に至るケースは稀であり、お客様が購入の最終決断をする前、必ず何らかの「断り文句」が出てくるものだ。そしてこのような時、応酬話法を用いることが必要だ。

ただ、応酬話法というと、応酬という言葉の意からなんとなく「ああ言えば、こう言う」「相手を言い負かす」といった反論的、否定的な話法をイメージする人もいると思うが、ここで用いる応酬話法の意味は、お客さまの抱えている問題、不安、拒絶等に対して適切に応答するための効果的なセールス・トークと捉えていただきたい。

応酬話法はケースバイケースで数多くあるが、一例を挙げると、新車が欲しいが免許を取り立ての子供がいるので、傷をつけることも想定し中古車も検討しているお客様がいたとする。

そして、お客様が「どうせ子供が乗ってぶつけてしまうから今回は中古車も検討しています」と言われた場合、応酬話法（セールストーク）として、

「確かに中古車の方がご購入時の価格は安いと思いますが、新車の方が故障も少なく、保証期間も長くなっていますので、免許を取り立てのお子様が運転していても安心です。それに万が一、お子様が接触事故を起こして鈑金修理をするとしても、掛かる費用は新車も中古車も同額だということはお分かりですよね」

このように、売れる営業スタッフは商談をする前に「中古車も検討している」「他社と競合している」「車庫が狭い」「家族で希望のボディーカラーが異なる」など、想定される状況に対する応酬話法（セールストーク）を準備しておき、商談を成立する

ことに傾注するのに対し、売れない営業スタッフはあまり応酬話法（セールストーク）の準備をせず無防備で商談をしている。

これらのことから営業スタッフは場当たり的な話法ではなく、さまざまな状況を想定した応酬話法を準備することで、クロージングを優位に展開することが大切だ。

●〝大内流〟営業実績向上の極意

営業スタッフは、お客様が抱えている問題、不安、拒絶、断り文句等に対し応酬話法（セールストーク）を準備し、理論武装をした上で商談（クロージング）に臨むことが肝要だ。

×「ざんねん」なヒト（売れないドツボ）

想定される断り文句に対し、応酬話法はなく無防備なので、クロージングが進まない。

○「できる」ヒト（売れるコツ）

想定される断り文句に対し、応酬話法を準備し対応するのでクロージングが促進される。

CHAPTER8 バイイング・シグナルをキャッチする

■ポイント—売れる営業スタッフは、お客さまのバイイング・シグナルを敏感にキャッチし、タイムリーにクロージングをしかける

お客様は、商談において欲しい車が明確になり、購買意欲が促進され、ご自身の胸中で購入しても良いと決断すると、必ずなんらかの〝バイイング・シグナル〟(買う気信号)を自ら発するものだ。

そして営業スタッフは、この〝バイイング・シグナル〟を察知したら、速やかにクロージングに入ることが商談のセオリーだ。

事例をいくつか挙げると、「見積書を見て支払い方法など計算をしはじめた」「いつも控えめなお客さまが真剣に値引きを要求してきた」「購入後のサービスや保証内容について質問があった」「営業スタッフの説明に対して大きく頷いた」等々は、正に

バイイング・シグナルの典型的事例である。しかし残念なことに、この神のお告げともいうべきバイイング・シグナルを察知できずにクロージングのチャンスを逸してしまう営業スタッフがいる。

通常、営業経験を積むと、経験則から自然に察知できるようになるものだが、察知できない営業スタッフのために、バイイング・シグナルを「①その場の状況から察知」「②お客様との会話から察知」「③お客様の動作から察知」「④お客様の表情から察知」の4つに分類し、具体的な内容を例示したのでご覧いただきたい。

●〝大内流〟営業実績向上の極意

売れる営業スタッフは、お客様のバイイング・シグナルを敏感に察知し、クロージング仕掛けるのに対し、売れない営業スタッフは、バイイング・シグナルを見逃し受注の機会を逸してしまう。バイイング・シグナルを察知するためには、常にアンテナを張り巡らし、お客さまの言動を観察することである。

×「ざんねん」なヒト(売れないドツボ)

注意力が散漫で、バイイング・シグナルを察知できず、好機を逸する。

①その場の状況から察知	・訪問依頼の電話をもらった ・訪問時の迎え方が歓迎的なとき ・お客様の方から来社されたとき ・２回目３回目の来社 ・家族など数名で来社されたとき ・接し方が好意的なとき ・話しが順調にすすんでいるとき ・買い回りをしている（比較・検討している） ・注文書を出しても何も言われないとき
②お客様との会話から察知	・見積依頼があったとき ・具体的な話がでたとき （支払い条件、周辺商品、塗色等） ・真剣に値切りはじめたとき ・購入後のことについて聞かれたとき （納期、保証、アフターサービス等） ・周辺商品、条件等の確認をしてきたとき ・同伴者に同意を求めた時
③お客様の動作から察知	・カタログや見積書など熱心に見はじめたとき ・身体を乗りだしてきたり、座り直したとき ・席を一度はずして､再び商談を切りだしてきたとき ・説明に対して、相手がうなずいたとき ・支払い方法など計算をしはじめたとき
④お客様の表情から察知	・真剣な顔つきをしたとき ・緊張した顔つきをしたとき ・悩んでいるような顔つきをしたとき ・満足な顔つきをしたとき ・納得した顔つきをしたとき

○「できる」ヒト（売れるコツ）

お客様を観察、バイイング・シグナルを敏感に察知し、クロージング仕掛ける。

CHAPTER9 7つのテストクロージングを実施する

■ポイント―売れる営業スタッフは7つのテストクロージングを有効活用する

自動車業界に限らず、営業スタッフならテストクロージングという言葉を聞いたことがあるだろう。テストを直訳すると「試験」「検査」だが「状態や度合いを試すこと」「物事の良否を確認すること」といった意味も包含している。

したがってテストクロージングは、商談を締結するまでの過程において、さまざまな問い掛けをすることで、お客様に買う気があるのか、ないのか、購買意欲の度合を図り、ボトルネック（引っ掛かり）を解消し、購買への意思決定を促し、商談を締結に導くための手法である。

言い方を変えれば、商談締結のための「決め台詞」「殺し文句」のようなものである。そこで営業スタッフに「あなたがいつも使っているテストクロージング(決め台詞)は」と問いかけると、「お願いしますよ」「決めてくださいよ」といった単調なテストクロージングが殆どである。

「他にもっとあるだろう」と、考える時間を与えると「今お決め頂くと記念品が付いてきます」といった回答だ。そもそも問い掛けに即答できないのは、その営業スタッフは日頃から、その程度のテストクロージングしか実施していないことが分かる。

ではここでテストクロージングの手法として、「7つの決め手」を紹介する。①立証法「この車はカーオブザイヤーを受賞しました」「市販車の中では燃費ナンバーワンです」②仮定法「今日ご注文いただければ2週間後にご納車できます」「クレジットの審査が通ればすぐ発注できます」③誘導法「今なら特別価格でご提供できます」「こちらがご成約記念の商品になります」④「奥様はすぐにでも欲しいとおっしゃっていました」「お隣の佐藤様のお車も私がお納めいたしました」⑤選択法「色はパールとシルバーではどちらが宜しいですか」「セダンとミニバンではどちらをご希望ですか」⑥確認法「お支払いは現金で宜しいですね」「登録のお名義はご主人様で宜し

テストクロージング（7つの決め手）

立証法	この車はカーオブザイヤーを受賞しました
仮定法	今日ご注文頂ければ2週間後にご納車できます
誘導法	今なら特別価格でご提供できます
関係法	奥様はすぐにでも欲しいとおっしゃっていました
選択法	色はパールとシルバーではどちらが宜しいですか
確認法	納車時に100万、元金200万を3年の割賦で
要請法	是非お決めください

いですか」⑦要請法「是非今お決めください」「ここにサインをお願いします」等々である。

このように売れる営業スタッフは単調なお願いトークだけではなく、状況を把握し、機会を見ながら、有効なテストクロージングを実施して受注に結び付けるのである。

● **〝大内流〟営業実績向上の極意**

売れる営業スタッフは、クロージングにおいて7つの決め手を有効活用しながら商談を締結に導き、実績を上げている。

×「ざんねん」なヒト（売れないドツボ）

ワンパターンのテストクロージングで顧客を辟易させて受注を逸する。

○「できる」ヒト（売れるコツ）
商談締結のための様々なテストクロージング「決め台詞」を駆使し受注する。

CHAPTER10 小さな意思決定を蓄積する

■ポイント―売れる営業スタッフは、クローズド・クエッションを用いて小さな意思決定を蓄積する

プロ野球の世界で先発投手の代わりにリリーフとして登板しピンチを脱するピッチャーのことをストッパーと言うが、昨今はストッパーの中でも最終回を締め括り、チームを勝利に導くピッチャーのことをクローザーと言っている。

営業の世界でも野球界と同様に、商談の最後の詰めであるクロージングをきっちり締め括ることに長けているクローザーがいる。そもそもクロージングのクローズは「閉じる」「締める」という意味であり、これを営業活動に当てはめると「商談の締結」ということになる。したがってクロージングの場面では、お客様に対してオープン・

クエッションではなく、クローズド・クエッションを使うことが肝要であり、クローズド・クエッションを駆使して商談を締結するからクロージングなのだ。

もっと具体的にいうと、クローズド・クエッションは、お客様が「はい」か「いいえ」で答えられる、若しくは2つ以上の選択肢からお客様に選ばせる質問方式なので、答えを絞り込み、お客様に決断を迫ることができる。

たとえば「車種は、このタイプで宜しいですね」「ボディーカラーはパールとシルバーどちらが宜しいですか」「今日お決めいただけますね」といった話法だ。ところが営業スタッフが「どのタイプが宜しいですか」「ボディーカラーは何色が宜しいですか」「いつお決めいただけますか」といったオープン・クエッション（自由に答えられる質問）をしてしまうと、お客様の選択肢や回答の幅を広げてしまい、商談を締結するどころか、商談を振り出しに戻してしまうことがある。

このような理由から、クロージングにおいては、オープン・クエッションではなくクローズド・クエッションを用いることがセオリーだ。

更に、お客様に対してクローズド・クエッションによるテストクロージングを反復活用し、小さな意思決定を蓄積することがクロージングの極意である。

事例的に挙げると「車種は～で良いですね」「グレードは～で良いですね」「ボディーカラーは～で宜しいですね」「付属品は～で宜しいですね」「オプションは～で良いですね」「お支払いは納車時に～円、月々～円で宜しいですね」「登録名義はご主人様で宜しいですね」「納期は概ね2週間後になりますが宜しいですね」などだ。

もう何か言いたいか、察しの良い読者はお分かりだと思うが、これは注文書の内容を左上から順番に質問することで、お客様に小さな意思決定をさせているのである。そして、この小さな意思決定を蓄積することが受注に結び付くのだ。そして更に、テストクロージングの極意を付加すると、お客様が小さい意思決定をしてくださったら、その都度心を込めて「ありがとうございます」とお礼を申し述べ、それを反復することである。

事例的には以下の通り「色はシルバーでいいや」「はい、ありがとうございます」「オプションでサンルーフを付けておいて」「はい、ありがとうございます」「名義は私の名義でお願いします」「はい、ありがとうございます」といった具合に「ありがとうございます」を連発すれば良いのだ。

このことからお分かりの通り、お客様が「買います」「発注します」と購入の意思表示をしてから、初めてお礼を申し述べるのではなく、小さな意思決定をして下さった度に、お礼を申し述べることによって、お客様の購買意欲を刺激し、受注へと仕向けることができるのである。

● “大内流” 営業実績向上の極意

売れる営業スタッフはクローズド・クエッションを反復活用することで、お客さまの小さな意思決定を蓄積し商談を締結するのに対し、売れない営業スタッフはオープン・クエッションを繰り返すことでお客様を困惑させ商談の機会を逸してしまう。

×「ざんねん」なヒト（売れないドツボ）

クロージングをすべき時、オープン・クエッションをして、商談を振り出しに戻してしまう。

○「できる」ヒト（売れるコツ）

クロージングではクローズド・クエッションを多用し、小さな意思決定を蓄積することで確実に受注に結び付ける。

［トヨタの営業］アフターフォロー編

PART 5

アフターフォローは雑用ではなく、次のチャンス！

CHAPTER1 同時処理を心がける

■ポイント―売れる営業スタッフは受注後も同時処理を心がける

マルチタスクという言葉があるが、営業スタッフは仕事上で発生するさまざまなタスク（業務）を、できるだけ同時処理することで、効率の良い仕事をすることが求められる。

仮に1台受注したとして、納車するまでに何回くらいお客様（受注客）とコンタクトを取るかは、営業スタッフによって大きな差がある。

受注後に、売れない低効率のスタッフだと、①印鑑証明書を受け取るために訪問する②地主宅に車庫証明の承諾書を取りに行く③保証人に印鑑を捺印してもらう④保証人の印鑑証明を取りに行く⑤納車後車検証と印鑑証明の住所が一致しないことが分かり謄本取得の依頼の電話をする ⑥謄本を自宅に取りに行く ⑦納車後、お客様から下取車のグルーブボックスの中にCDを忘れたと電話があり届けに行く。といった具合で要領が悪く、1台受注した後、何度も何度もコンタクトを取らなくてはならない。

それにお客様だって、その都度、売れない営業スタッフに振り回されて大変だろう。実際に、受注後、納車までの平均的なコンタクト回数を尋ねると売れる営業スタッフほど、コンタクト回数が少ない傾向にある。つまり同時処理を実践しているわけだ。

ある優秀営業スタッフは、受注した後、次にお客様にお会いするのは納車時で、それまでの手続きは、すべて電話と郵送で対応するそうだ。彼の手法は「ご納車までのお手続きについて」という手引書が「チェックリスト」になっていて、1.注文書 2.本人印鑑証明書（何通）3.保証人印鑑証明書（何通）4.割賦契約書 5.車庫証明使用承諾書 6.見取り図 7.配置図、といったように必要書類についてお客様が分かるように記載されており、併せて「返信用の封筒」をお渡しする。書類一式が揃ったら郵送して頂き、それを処理し、次にお客様とお会いするのは納車時だという。

このように売れる営業スタッフと、売れない営業スタッフは、受注後の事務処理の効率には大きな差がある。

この話をすると、大切な書類を郵送で大丈夫？ 見取図や配置図までお客様に書かせるの？ と質問されることがあるが、当人の弁によると、いままで、一度もトラブルになったことはないし、お客様ご自身も営業スタッフに何度も会うよりも、自分の都合で書類を揃え、ポストに投函し、後は納車なので、手続きがスムーズだと好評も得ているという。

売れる営業スタッフも、売れない営業スタッフも、身体はひとつで、1日の活動には限界がある。したがって、できる範囲内で同時処理を行い、効率の良い業務を遂行することが実績向上に繋がる。

●〝大内流〟営業実績向上の極意

売れる営業スタッフは、同時処理をすることで業務の効率化を図り実績を上げる。売れない営業スタッフは、無駄な仕事を沢山抱え、業務を煩雑化することで自身とお客様を多忙にする。

×「ざんねん」なヒト（売れないドツボ）
雑用を抱え、雑用処理に時間を奪われ、生産性を上げることができない。

○「できる」ヒト（売れるコツ）
雑用を排斥し、受注後も同時処理を心がけ、生産性の高い仕事を実施する。

CHAPTER2 納車直後のCSを重視する

■ポイント─売れる営業スタッフは納車直後のCSを重視することで紹介による受注を増やす

営業経験が長い営業スタッフであれば、購入してくださった自社客の紹介によって、受注に至ったというケースがあると思う。このような場合、納車後、いつ頃受注に至ったのか統計を取ると、納車後6ヵ月以内が比較的多い傾向にある。

そこで、なぜ6ヵ月以内の紹介が多いのかを営業スタッフに問い掛けると「新車を買ったことを近所の人が知って…」「新車で通勤したところ、それを見た同僚から…」

等の回答が返ってくる。「…」に該当する内容は、だいたい察しがつくだろう。

これらの事例からお分かりのとおり、新車を購入した直後は、購入したお客様の車を、そのお客様の近隣の方、職場の人、友人、知人が目にする訳である。また、ご購入したお客ご自身も新車に対して興味や関心が高く、車の乗り心地や性能を誰かに話したくなるものである。

つまり換言すると、お客様がご購入された車自体がデモカーの役割を果たし、車を買ったお客様が営業スタッフに代わりにセールスをしてくれるのである。なので、自社客からの紹介を確実なものにするためにも、納車後6ヵ月以内にCR活動の一環として、しっかりアフターフォローを実践し、CS（顧客満足度）を向上し、紹介による受注を増やすことが求められる。

ところが釣った魚にエサは要らない的な発想で、アフターフォローを疎かにしている営業スタッフが多いのも事実だ。

実施しない理由は、納車直後は取り扱いに対する質問や初期クレームが多いので対応に時間を取られるので実施しないという怠慢なケースや、日々、眼前の実績を上げることに多忙で、ＣＲ活動に眼が向かない等の要因だ。

このような場合、納車直後の紹介による受注が多いことを再認識するとともに、もっと営業活動を大局的に捉え自分自身の意識改革をすることで、ＣＲ活動を実践することが大切だ。

もうひとつ紹介を頂く極意は、ただ黙ってお客様からの紹介を待つのではなく、お客様に対して、納車時、１ヵ月点検時、調子伺い時、６ヵ月点検時、等々、お客様と接点のある度に、「是非紹介をしてください」と口に出して言うことが肝要だ。

ある自動車メーカーが実施した調査によると「営業スタッフの紹介依頼の有無」と「お客様の紹介意向及び実際の紹介率」は、明らかに相関関係があり、ただ黙って紹介を待つのではなく「紹介してください」と口に出して言うことで紹介率が上がる。

更に具体的な話法を補足すると「新車を見て、自分も欲しいというような方はいらっしゃいませんか」「是非、そのような方がいらっしゃいましたらご紹介ください」といったように、お客様が紹介客を想起できるような紹介依頼をするのだ。

また紹介キャンペーン制度等でお客様向けの紹介リーフレットを作成し、営業支援しているディーラーも多いと思うので、そのようなシステムやツールを有効活用し、自社客からの紹介による受注を増やすことが必要だ。

●〝大内流〟営業実績向上の極意

売れる営業スタッフは、納車直後が紹介による受注の最大のチャンスとして捉え、積極的にアフターフォローを実践し紹介依頼をする。しかし、売れない営業スタッフは初期クレーム対応や取扱説明等を雑用として捉え忌避し、アフターフォローをしないで紹介をもらうチャンスを逸している。

×「ざんねん」なヒト（売れないドツボ）

お客様からの紹介がなく、自力だけで売るので販売実績もじり貧になる。

○「できる」ヒト（売れるコツ）

自身の営業活動に加え、お客様の紹介も多いので実績が向上する。

CHAPTER3 紹介者にお礼を述べる

■ポイント―売れる営業スタッフは、お客様から紹介を頂いたら必ずお礼を申し述べる

「自分ひとりでは、ここまでは売れなかったと思います。多くの方々にご協力いただいて、ここまで来れたと心から感謝しております」

これは、あるメモリアル・セレモニーにおける優秀営業スタッフの挨拶だが、実に謙虚な姿勢が伺える。

優秀な営業スタッフは自分が売った台数のすべてを新規訪問や店頭だけで販売したのではなく、上司からの引き継ぎ、社内からの情報提供、お客様からの紹介等、自分以外の方々のご協力によって販売しているはずだ。

その中でも特にお客様からのご紹介は、成約率が高い傾向にある。理由は紹介するという行為は、その販社や営業スタッフに対して信頼感があるから紹介をしてくれる

ので、購入予定者に対しても、良いメッセージを提供し、商談の日程調整、仲介、時には商談に同席してくれることもあるので、スムーズに受注に至ることも多い。

ところがご紹介を頂いた時、紹介者にお礼をしない営業スタッフが散見される。「そんなことはない！」と思われる読者もいると思うが、もちろん紹介を頂いて受注に至った場合は、当然誰でもお礼をしているだろう。

しかし受注に至らなかった場合は、お礼をしない営業スタッフがいるのも事実だ。

実際、私が見込客を営業スタッフに紹介すると、後日「ご紹介頂きました○○様のお宅にお伺いし奥様とご面談しました。今すぐではありませんが、数年以内には買っていただけそうなので継続訪問させて頂きます。また何か情報があったら紹介お願いします」と律義に結果を報告し、お礼を言うスタッフもいれば、私の方から「そういえば、この前紹介した○○さん、どうだった」と尋ねてから、ばつが悪そうに「1週間ほど前に行きましたけど、まだ買わないそうです」といった反応を示す営業スタッフもいる。

このように紹介者である情報提供者が上司やサービス部門等、社内の人であれ、自社客や友人・知人等外部の人であれ、受注の有無に関わらず、報告し、お礼を申し述べるべきだろう。

紹介者だって、紹介したきりで何の音沙汰もないより、経緯を報告され、感謝の意を伝えられれば「また何か紹介してあげよう」「今度は必ず決まるお客様を紹介しよう」と思うのは、人情であり、道理だろう。紹介情報を継続的に収集するためにも、受注の有無に関わらず、お礼をすることが肝要であり、社会人として礼儀でもある。

●〝大内流〟営業実績向上の極意

売れる営業スタッフは、情報提供者や紹介者に対して、受注の有無に関わらず必ずお礼をするので、更に情報・紹介が増えていく。

×「ざんねん」なヒト（売れないドツボ）

受注に至らないと、経緯も伝えずお礼もしないので、紹介が徐々に減っていく。

○「できる」ヒト（売れるコツ）

受注の有無に関わらず、経緯を伝え、お礼をするので、益々紹介が増える。

おわりに

本書は著者のキャリアが自動車業界であったこと、自身が営業スタッフ、販売マネジャー、人材開発室長を歴任してきたことから、カーディーラーにおいて高実績を上げている優秀営業スタッフと、その他の営業スタッフでは何が違うのかを、営業スタッフの精神面（mind）と行動特性（Competency）の二つの視点から研究し、それらを体系化し本書にまとめたものである。

事例は自動車業界におけるものが多いが、車は誰にとっても身近な商品なので分かりやすく、異業種の方が読んでも参考にして頂ける内容に仕上げたつもりである。

各章の構成は、ＣＨＡＰＴＥＲ↓ポイント↓本文↓営業実績向上の極意↓×「ざんねん」なヒト（売れないドツボ）↓○「できる」ヒト（売れるツボ）といったプロセスになっており、記述内容に重複があるが、これは著者が伝えたい内容を繰り返すことで、読者の理解を深めるために意図的に用いた手法である。

また、多忙な営業担当者にも読みやすいように、各章は短い単元になっているので、それぞれのＣＨＡＰＴＥＲ↓ポイントで関心のある項目を選択して読むこともできる。

加えて、できる限り平易な言葉を用いているので読みやすい書籍に仕上がっていると自負している。

ご購読後、営業担当者はご自身の成績向上に、経営者・管理者の方は人材育成や教育に活用して頂き、組織の業績向上の一助になれば著者としても光栄である。

２０２１年９月

大内　一敏

大内一敏（おおうち・かずとし）
4年制大学卒業後、トヨタ系ディーラーで新車営業スタッフとして全国トップクラスの販売台数を上げ、金バッジ取得。販売マネジャーを経て、トヨタ自動車営業人材開発部インストラクターとして、提案型営業等、各種研修開発・担当。トヨタ系ディーラーで人材開発室長へ経て、2005年にスキル&モチベーション株式会社設立、代表取締役就任。新人・中堅・管理者・経営者等、幅広い階層に対し、現在まで延べ100,000人以上を対象に教育研修を担当。日刊自動車新聞にコラム連載、『カーディーラーの店長に読んでもらいたいドラッカー』は、35回連載後書籍化。

URL : https://www.sminc.jp
E-mail : m@sminc.jp

トヨタの営業《えいぎょう》マン「ざんねん」なヒトと「できる」ヒトの違《ちが》い

2021年10月1日　　初版発行

著　者　大　内　一　敏
発行者　和　田　智　明
発行所　株式会社　ぱる出版

〒160-0011　東京都新宿区若葉1-9-16
03(3353)2835―代表　03(3353)2826―FAX
03(3353)3679―編集
振替　東京　00100-3-131586
印刷・製本　中央精版印刷(株)

ISBN978-4-8272-1304-1 C0034